DE
CONFRATERNITATIBUS
ECCLESIASTICIS

DE CONFRATERNITATIBUS ECCLESIASTICIS

DISSERTATIO

*Judicio Facultatis Theologicae Universitatis Catholicae
Americae Septemtrionalis
submissa
tamquam scriptum publici periculi experimentum
ad*

DOCTORATUM

in

JURE CANONICO
obtinendum

FR. AURELIUS L. BORKOWSKI, O.F.M., J.C.L.
Filius Almae Custodiae Terrae Sanctae

Universitas Catholica Americae
Washingtonii, D. C.
1918

THESIM HANC

IN

GRATI ANIMI SIGNUM

ADM. REV. P. LUDOVICO CIGANOTTO, O.F.M.

JAM

JURIS CANONICI PROFESSORI

IN

CIVITATE SANCTA JERUSALEM

Discipulus Dedicat

CONTENTA:

PROOEMIUM

Perspecta varia hominum natura consideratisque diversis
eorundem inclinationibus, non solum congruum sed aliquo
sensu perutile ac fere necessarium videtur, ut in Dei Ecclesia
plures existerent Ordines religiosi, ad quos accessus pateret
omnibus iis, qui non contenti de observantia Praeceptorum Dei,
jam ab adolescentia, sicut ille juvenis Evangelii, vellent per-
fectiorem adhuc ducere vitam in praxim reducentes verba a
Cristo Domino ad juvenem dicta: "Si vis perfectus esse, vade,
vende universa quae habes et da pauperibus et veni, sequere
me." Posita exinde existentia plurium Ordinum, unusquisque,
qui vocationem ad Ordinem religiosum in se experitur, potest
in specie illum pro se seligere Ordinem, quem, consideratis
considerandis, magis sibi videt consentaneum. Ita, qui ex
incunabulis fere inclinationem nactus est res divinas meditandi,
ille certe suscipit aliquem ex Ordinibus mere contemplativis.
Qui vero detegit in se zelum praedicandi verbum Dei, ille ex
consilio ingreditur Ordinem Fratrum Praedicatorum. Qui
denique e contra aliquid medii inter vitam contemplativam et
activam seligere desiderat cuique videntur applicari posse
verba Sancti Bonaventurae de Sancto Francisco dicta " . . .
non sibi soli vivere, sed aliis proficere vult, Dei zelo ductus,"
iste certa habet argumenta judicandi se ad Ordinem Fratrum
Minorum esse vocatum.

Animadvertendum est autem quod non omnes, qui piam in
Christo vellent ducere vitam, possunt aliquem ex praedictis
Ordinibus ingredi. Pro nonnullis enim vita istorum Ordinum
est nimis dura deficitque eis animus emittendi vota perpetua.
Quid ergo fecit pia Mater Ecclesia? Licentiam dedit erigendi
approbavitque varias Congregationes religiosas, in quibus,
etiamsi vita observetur communis, vota tamen quae emittun-
tur sunt simplicia et temporanea. Sed neque hoc sufficiens
visum est medium pro omnibus, qui pie in Christo vivere
desiderarent. Permulti enim erant et sunt qui quamvis vellent,
nequeunt ingredi neque aliquem Ordinem religiosum neque
ullam Congregationem religiosam, quum ab hoc vinculis familiae aliisque obligationibus impediti sint. Providentialiter
autem etiam pro iis adest medium ferventiorem ducere vitam

ac pro simplicibus fidelibus.   Etenim praeter Ordines regulares, et Congregationes religiosas, existunt etiam Confraternitates, de quibus praecise et in specie tractandum est hac in thesi.   De hisce Confraternitatibus oportet cognoscere originem, finem, praesertim vero praescriptiones Ecclesiae quoad earum erectionem, aggregationem, conditiones pro lucro indulgentiarum, directionem, relationes cum Episcopis, cum Parochis, cum aliis piis Associationibus, etc.

Quam sit necessarium, ut ii, qui quomodolibet hujusmodi piis Congregationibus praesunt, praedictas regulas seu praescriptiones probe calleant, ex eo patet quod hisce non observatis, fideles adscripti, non propria sed alterius culpa, illis privarentur indulgentiis, quae a Summis Pontificibus concessae eis speciatim fuere.   Plures enim ex iis praescriptionibus sub poena nullitatis sunt servandae.

CAPUT I

DE NOMINE, NATURA AC DIVISIONE CONFRATERNITATUM

Art. I.—De nomine Confraternitatum

. Institutiones, quae hodie sub nomine Confraternitatum veniunt, non semper olim eodem modo appellabantur. Invenimus enim in actis Conciliorum, a saeculo XII usque ad saeculum XVI, permagnum numerum vocabulorum ad Confraternitates significandas. Appellabantur nempe: *Fratantiae, Confratantiae, Confrateriae, Confratriae, Colligationes, Sodalitates, Congregationes, Societates, Scholae, Collegia*.[1] In Rescriptis Sanctae Sedis persaepe promiscue adhibentur haec nomina: *Confraternitas, Sodalitas, Sodalitium, Confraternitas laicorum, Congregatio, Pia Unio, Societas, Coetus, Consociationes.* Imo aliquando in uno eodemque Decreto seu Rescripto promiscuitas haec notatur. (Confer e. gr. Summarium n. 29 pag. 457.)[2] Quare Josephus Schneider, qui collexit in unum "Rescripta Authentica S. Congregationis Indulgentiarum" pagina 707 ponit hanc notulam: "Quum denominationes Achiconfraternitatum, Archisodalitatum, Confraternitatum, Sodalitatum, etc., in documentis hic pertinentibus et in ipsis Summariis Indulgentiarum non sint omnino fixae et stabiles, sed saepe promiscue adhibeantur (uti fas est videre ex allato Summario n. 29, pag. 457, ubi Piae Unioni Sacri Cordis Jesu

---

[1] Tachy, Traité des Confréries, n. 1.—Ferraris Prompta Bibliotheca, V. Confraternitas, art. 1. n. 83.

[2] Curiositatis gratia referam hic initium ac nonnullos paragraphos istius Summarii n. 29, pag. 457:

> Summarium indulgentiarum Piae Unioni Sacri Cordis Jesu canonice rectae in Ecclesia *S. Mariae ad Pineam*, nunc in ecclesia *S. Mariae de Pace in Urbe* existenti concessarum.

1. Indulgentia plenaria eo ipso die, quo in Sodalitatem recipiuntur, si vere poenitentes ac sacra Communione refecti juxta mentem Summi Pontificis pias ad Deum preces effuderint, prout ex Rescripto diei 7 Martii 1801.

8. Omnes sodales, qui ecclesiam suae Congregationis visitaverint diebus stationum in Missali descriptarum, et inibi pias ad Deum preces effuderint juxta intentionem Summi Pontificis, eisdem fruentur indulgentiis Stationum ecclesiarum Urbis, quae in Decretis Sacrae Congregationis Indulgentiarum die 9 Julii 1777 sunt expressae.

16. Demum Pius Papa IX s. m. sodalibus Piae Unionis Sacri Cordis Jesu indulgentiam plenariam concessit die S. Pio V. dicato, in cujus tutela Pontificium suum nomen posuit, etc.

vix non omnes tribuuntur) ideo Summaria secundum eas denominationes accurate disponi non poterant."

Confraternitates, ait P. Theodorus a Spiritu Sancto, quae conjunctiones in fraternitate sonant, sicut consanguinitas conjunctionem in sanguine . . . *fidelium sunt congregationes in unum quandoque convenientium ad quaedam pietatis officia obeunda, ecclesiastica auctoritate institutae: et ideo ecclesiasticae dicuntur.*[3]

Ob professionem enim ejusdem fidei et ob vinculum ejusdem charitatis fit, ut spiritualis conjunctio enascatur inter Christifideles, qui proinde in Sacris Litteris vocantur *fratres* vel *confratres.* At in societatibus, quae in Ecclesia proprio nomine vocantur *Confraternitates,* nova conjunctio artiusque vinculum inter sodales inesse debet, quod quidem oportet ut pateat et exerceatur exterius per pia acta et opera *in communi* aliquando facta. Tunc quidem habetur et conspicitur conjunctio specialis in fraternitate. Ut autem haec conjunctio in fraternitate seu *Confraternitate* in sensu Ecclesiae habeatur, necesse est, ut auctoritate ipsius Ecclesiae in suo esse constituatur, ejusdemque subjaceat directioni, secus non esset *eccleciastica,* de qua tantum hac in dissertatione sermo erit.

Joannes Baptista Bassi ita de Confraternitatibus scribit: "Cumque Confraternitas significet *adunantiam personarum piarum* in ordine ad divinum servitium et opera pietatis, et ad hoc ut confratres in misericordia et charitatis operibus se exerceant; idcirco ii sunt inter confratres adscribendi, qui sunt probi viri et timent Deum, ac charitate christiana fervidi."[4]

Pater Augustinus Matthaeucci ita definit Confraternitates: Nomine Confraternitatum (desumpta denominatione a Confratribus, hoc est quasi fratribus, simul in charitate ac pace sub certis legibus respicientibus divinum cultum, *unitis*) veniunt *Collegia personarum* libere ad exercitia pietatis sub alicujus Sancti titulo et protectione exequenda congregatarum."[5]

---

[3] Tractatus Dogmat. Moral's de Indulgentiis.
[4] Tractatus De Sodalitiis, Quaest. 1, n. 7.
[5] A. Matthaeucci—"Officialis Curiae Ecclesiasticae," cap. XIV, n. 1.

Art. II.—De natura Confraternitatum

Nomen Confraternitatis in jure non semper eodem modo, sed aliquando latius, aliquando strictius sumitur. Hinc est, quod saepe in jure promiscue adhibentur sequentia vocabula, uti jam vidimus: Confraternitas, pia Unio, Consociatio, et alia hujusmodi.

Latissime igitur sumpta Confraternitas est associatio fidelium ad quaedam pietatis et caritatis opera exercenda. Hoc in sensu etiam piae Uniones Confraternitates dici possunt.[6]

Minus late sumpta Confraternitas dicit associationem fidelium ad quaedam pietatis et charitatis opera exercenda ad modum cujusdam veri collegii institutam. In hoc sensu Confraternitates distinguuntur a piis Unionibus, piis Congregationibus, et aliis similibus sodalitiis, quae laxiori tantum modo sociali vinculo colligantur, nec possunt vere dici ad modum organici corporis constitutae.

Stricte vero sumpta Confraternitas est laicorum associatio Ecclesiae auctoritate constituta ad quaedam pietatis et charitatis opera exercenda et in augmentum publici cultus ad modum organici corporis constituta.

Est ergo stricte sumpta Confraternitas associatio laicorum, quia, quamvis clerici a Confraternitatibus non excludantur, si tamen in iis partem habent, non uti clerici habent.[7]

Itaque Confraternitates, *ratione membrorum* quibus constant (nempe ex personis laicis saltem majori in parte), dicuntur *laicales*, et per hanc voculam distinguuntur a clero saeculari et regulari. Ratione vero *fundationis* dicuntur *ecclesiasticae* quatenus a legitima auctoritate ecclesiastica erectae sunt. Ut aliqua ergo Confraternitas dici possit ecclesiastica necessarius est directus et formalis interventus Ordinarii. Deficiente enim tali Ordinarii interventu Sodalitium esset tantum laicale et non ecclesiasticum. Unde Ferraris dicit:[8] "Illae sunt deinde Confraternitates laicales, quae absque Episcopi formali auctoritate sunt erectae, quaeque a laicis fundatae, a laicis diriguntur et administrantur." Idemque fere nos docet una decisio Sacrae Romanae Rotae, ubi indicat nobis medium quo

---

[6] Ojetti, Synopsis Rerum Moralium et Juris Pontificii, V. Confraternitas.

[7] *Ib.*

[8] Ferraris, op. cit., V, Confraternitas, art. 1.

Sodalitates laicales ab ecclesiasticis distingui possint: *"Quum a laicis* gubernetur debeat censeri laicale, etiamsi in eo opera pietatis exerceantur, dum non constat quod illud auctoritate Ordinarii erectum fuerit."*[9]*

Nulla enim Confraternitas potest sese ad instar organici corporis constituere absque interventu actoritatis ecclesiasticae. Juxta jus enim vigens nulla Confraternitas constitui potest nisi ab Ordinario, vel a Superiore alicujus Ordinis religiosi, aut ab aliqua Archiconfraternitate, sed tunc tantum in virtute delegationis pontificiae. Inferri ex hoc potest quod non dantur Confraternitates laicales proprie dictae. Quando ergo apud auctores vel in causis Romanis tribunalibus allatis sermo fit de Confraternitatibus seu Sodalitiis laicalibus, tunc intelligendae sunt simplices associationes, corporationes, quae forsan sibi proponunt operibus misericordiae ac pietatis operam dandi, sed non sunt tamen ex eo Confraternitates proprie dictae, quia deficit eis elementum essentiale, nempe interventus auctoritatis ecclesiasticae. Ita e. gr. dantur nonnulla nosocomia, juxta decisionem Sacrae Congregationis Concilii, ad veras Confraternitates pertinentia, quae tamen laicalia sunt, quia instituta fuere inscio Ordinario et quia exempta sunt a certis formalitatibus in administratione bonorum ecclesiasticorum. Inter cetera elementa, quae adjuvare nos possunt in discernendis Confraternitatibus proprie dictis a ceteris Piis Unionibus, haec adnumerari possunt:

1. *Finis* Piae Sodalitatis. Si finis seu scopus, quem sibi praestitit Sodalitas, talis sit ut ad eum consequendum realis adscriptorum unio necessaria sit, Sodalitas erit vera Confraternitas. Hinc *Archiconfraternitas amantium Jesu et Mariae* et *Confraternitas Devotorum Jesu Christi ad Calvarium,* inspecto solo fine, statim dignoscuntur ut verae Confraternitates, quum praecipuus earum finis unionem sociorum expostulet. Finis enim in eo reponitur, ut confratres, humilibus saccis induti, *simul uniti,* frequenter peragant pium exercitium Viae Crucis, processionaliter incedendo.

2. *Ritus* in admissione in Societatem. Si in adscriptione fidelium praescribatur per statuta ritus quidam specialis fere solemnis, praesentibus sociis, per ingressum ad oratorium, ut

---

[9] In recensioribus decis, 313, n. 9, pag. 10.

in Archiconfraternitate SS. Stigmatum S. Patris Francisci, *ex ipso ritu* natura Confraternitatis conjicitur.

3. *Habitus.* Si in statutis praescribitur induitio specialis habitus seu sacci vel vestis non solum in receptione ad Sodalitatem, sed etiam in quibusdam ecclesiasticis functionibus intra annum, jam hoc indicat Sodales *collegium personarum,* ac ideo veram Confraternitatem constituere. Hac ratione Sodalitia supra memorata ac illud SS. Sacramenti, ut verae Confraternitates illico cognoscuntur.

4. *Oratorium* seu *cappella* vel *altare.* Quando pia aliqua Sodalitas propriam ecclesiam sive oratorium vel cappellam aut altare possidet et propriis sumptibus manutenet, ubi consodales interdum ad preces effundendas et ad pia exercitia peragenda congregantur, dummodo sit legitime erecta, sine dubio Confraternitas est. In Urbe Roma et etiam extra, plurima inveniuntur oratoria, quae propria sunt Confraternitatum, quin opus sit ea hic describere. Etiam pia Sodalitia Scapularium, ut SS. Trinitatis, B. Mariae Virginis de Monte Carmelo, Septem Dolorum et de Mercede vel proprium oratorium vel altare habent, aut saltem *juxta propria statuta,* habere deberent assignatum. lHae igitur omnes, prout etiam illa SS. Rosarii, saltem *secundum primaevam institutionem,* sunt verae Confraternitates, eo vel magis quod sodales adscripti *ad imitationem Fratrum regularium* habitum seu scapulare gestant: parva enim scapularia istarum Confraternitatum, in sua origine et institutione aliud non sunt, quam scapularia variis Ordinibus religiosis propria, pro majori fidelium commoditate ad parvam formam redacta.

5. *Processiones.* Sunt Sodalitia, quibus jus est ducendi processiones, ut illud SS. Rosarii, Chordigerorum, etc. Ex hujusmodi jure etiam deducitur, Sodalitium esse veram Confraternitatem.

6. *Adunantiae* seu *Congregationes.* Ex Confraternitatis notione supra exposita eruitur, sodales illos qui juxta statuta aliquando coadunantur ad quaedam pietatis officia simul obeunda, veram Confraternitatem efformare.

7. *Statuta.* Ex statutis denique non difficulter dignosci potest, an aliquod Sodalitium sit vera Confraternitas, vel pia Unio aut pium Opus tantum. Si in iis praescribatur e. gr.

ritus solemnis in adscriptione fidelium, induitio specialis vestis certis in adjunctis, processio vel adunantia in determinatis anni diebus, etc., Sodalitium hujusmodi erit Confraternitas.

Quando e contrario Sodalitas aliqua ita sit constituta, ut nullum ex enunciatis elementis in ea reperiatur, ejusque membra laxiori vel fere nullo vinculo inter se colligentur; quando Sodalitas nullam habet pro adscriptione formam ac ceremoniam praeter petitionem fidelis et acceptationem admittentis; quando demum pia Sodalitas suis quasdam tantum preces vel certos pietatis ac religionis actus praescribit, ad quos adimplendos fideles adscripti nulla lege tenentur insimul sese determinato in loco aut statuto tempore congregandi, sed peragere ea omnia possunt etiam singillatim, et quolibet loco ac tempore; tunc hujusmodi Sodalitium minime Confraternitas est.[10]

Repeto tamen, quod primum ac principale elementum quod inservit pro discernenda vera Confraternitate a simplici pia Unione reponitur in eo quod in erectione Confraternitatis requiritur verus ac directus Ordinarii interventus, quum nulla Confraternitas Ecclesiastica concipi possit absque auctoritate Ordinarii erecta.

Art. III.—De divisione Confraternitatum

Confraternitates ecclesiasticae varie distinguuntur: Si considerentur ratione *dignitatis*,[11] distinguuntur in *Archiconfraternitates* et simplices *Confraternitates*. Confraternitates simplices sunt illae, quae quamvis in se completae sint et independentes ab aliis, nihil tamen agere possunt erga alias Confraternitates ejusdem generis et instituti. Archiconfraternitates vero seu Archisodalitates aut Congregationes Primariae sunt illae, quae gaudent privilegio sibi aggregandi alias pias societates ejusdem generis et instituti, eisdemque communicandi per factum legitimae aggregationis proprias respective indulgentias.

Archiconfraternitates iterum distinguuntur in: *universales* vel *particulares* seu *regionales*. Sunt universales, si ubicumque locorum vigent, ubique eisdem gaudent privilegiis et in toto

---

[10] Mocchegiani, Collectio Indulgentiarum, n. 1655.
[11] Tachy, op. cit., n. 12.

Orbe alias sibi possint aggregare ejusdem nominis et instituti.[12] Dicuntur vera particulares seu regionales, si pro certa tantum dioecesi aut regione aggregandi privilegio gaudeant.

Aliquando tamen iste titulus *Archiconfraternitatis* datur tantum *ad honorem*,[13] absque jure aggregationis. Ita Leo Papa XIII per Breve diei 2 Octobris 1893 extollit ad dignitatem Archiconfraternitatis *ad honorem* Associationem quamdam in Gallia, cui erat titulus: Opus expiatorium pro animabus in Purgatorio detentis. En verba Leonis PP. XIII: "Auctoritate Nostra Apostolica praesentium vi, memoratam Sodalitatem in paroecia quam vulgo vocant *La Chapelle Montligeon* dioeceseos segiensis existentém, in Archiconfraternitatem *ad honorem* cum solitis privilegiis perpetuum in modum erigimus atque instituimus."[14]

---

[12] Mocchegiani, op. cit., n. 1642.
[13] Ferreres, Las Cofradias y Congregaciones Ecclesiasticas, n. 89.
[14] Analecta Ecclesiastica, vol. 1, pag. 349.

CAPUT II

DE ORIGINE CONFRATERNITATUM

1. Auctores qui de Confraternitatibus tractant, valde inter se discrepant in assignando anno immo saeculo, cui earum origo adscribenda sit. Muratori in suo tractatu *"De Piis Laicorum Confraternitatibus"* asserit Confraternitates originem suam barbaricis temporibus debere. En verba per quae exoritur ejus *Dissertatio Septuagesimaquinta:* "Neque insalutatas praeteribo pias hominum saecularium Confraternitates, quas (vulgo) *Confraternite, Compagnie, Scuole,* nunc appellamus: nam et istae originem suam barbaricis temporibus debent." Alii vero, et forsan melius, originem Confraternitatum Ecclesiasticarum non quaerunt apud ethnicos in veteribus Romanorum collegiis Dendrophororum, Septemvirorum, Capitulinorum, Artificum, augurum, ac sacrificulorum et similium,[15] sed melius profecto earumdem cunabula reperiri posse putant apud primitivos Christifideles, quorum "credentium erat cor unum et anima una, nec quisquam eorum, quae possidebat, aliquid suum esse dicebat, sed erant illis omnia communia."[16] Ac tandem nonnulli existimant originem Confraternitatum in Ordinum Religiosorum evolutione inveniendam esse.

Quum vero hac in thesi non de Historia ac evolutione Confraternitatum Ecclesiasticarum disserere intendam, sed tantum de sensu earum canonico, et per transennam solum aliquid de earumdem origine mentionem facere, sequar in hoc Bassum, qui in suo tractatu de "De Sodalitiis" solummodo ultimo in capite aliquid de earum historia ponit. Ita et ego, nullam videns necessitatem investigandi ac exponendi causas quae Confraternitatibus originem dare potuerunt, cum tractare de hoc pertineat ad historiam Ecclesiasticam, exponere curabo illa tantum documenta ex quibus videri potest quoadusque ascendat origo Confraternitatum proprie dictarum.

2. Originem Confraternitatum juxta formam, quam easdem hodie habere perspicimus, Bassus, Episcopus Anagninus, opere *De Sodalitiis* adinvenit anno Christi 852 apud Hincmarum

---

[15] Lucidi, De Visitatione Sacr. Liminum, n. 114.
[16] Act. Apost. Cap. IV., v. 32.

Archiepiscopum Rhemensem, qui capitula scripsit ad presbyteros suae dioecesis, inter quae unum habetur cum titulo: "De Confratriis, earumque conventibus quomodo celebrari debeant." En verba Capitis XVI:

" . . . Ut de Collectis, quas Geldonias vel Confratrias vulgo vocant, sicut jam verbis monuimus, et nunc scriptis expresse praecipimus, tantum fiat, quantum ad auctoritatem et utilitatem atque rationem pertinent. Ultra autem nemo neque Sacerdos neque Fidelis quisquam in Paroecia nostra progredi audeat."

Religionis autem causa ejusmodi Sodalitates Hincmari aetate coivisse, disertissime evincitur, quum ipse Hincmarus finem ac moralem istarum Geldoniarum et Confraternitatum ita describat:

"In omni obsequio religionis conjungantur: videlicet in oblatione, in luminaribus, in oblationibus mutuis, in exequiis defunctorum, in eleemosynis, in ceteris pietatis officiis; ita quod qui candelam offerre voluerint, sive specialiter, sive generaliter, aut ante Missam, aut inter Missam, antequam Evangelium legatur, ad altare deferant. Oblationem autem, unam tantummodo Oblatam, et Offertorium, pro se suisque omnibus conjunctis et familiaribus offerat. Fiant conventus talium fratrum, si necesse fuerit, ut simul conveniant, ut si forte aliquis contra parem suum discordiam habuerit, quem reconciliari necesse sit; et sine conventu praesbyteri et ceterorum esse non possint, post peracta illa quae Dei sunt, et christianae Religioni conveniunt, et post debitas admonitiones, si voluerint, eulogias a praesbytero accipiant."

Post pias exortationes debebat Sacerdos dare eis aliquid panis et potus; uti vederi fas est ex ipsis verbis, quibus laudatum Caput XVI terminatur: "et semel potos dimittat."[17]

Itaque propositum erat Sodalitiis eorum temporum quaedam Pietatis et Charitatis opera exercere, videlicet offerre Templo, luminaria ibidem alere, curare infirmos, defunctorum funera comitari, eleemosynis operam dare, et ceteris pietatis officiis Deum sibi demereri. Et quod aliud Piae nostri aevi Sodalitates sibi agendum proponunt? Rursus audiendus est Hincmarus, qui similia suo tempore accidisse tradidit, nostrorumque tem-

---

[17] Bassus, op. cit. cap. ult.

porum mores describere videtur. "Pastos autem, ait, et com-
messationes, quas Divina Auctaritas vetat, ubi et gravedines,
et indebitae exactiones, et turpes ac inanes laetitiae, et rixae;
saepe etiam, sicut experti sumus, usque ad homicidia, et odia,
et dissensiones accidere solent; adeo penitus interdicimus, ut
qui de cetero hoc agere praesumpserit, si Presbyter fuerit, vel
quilibet Clericus, gradu privetur; si Laicus vel foemina, usque
ad satisfactionem separetur."

Caecutiat itaque, inquit Muratori, qui haeic non videat,
jamdiu invectas atque stabilitas Hincmari temporibus, saeculo
scilicet Christi IX, Pias Laicorum Confraternitates, quibus
cordi erat peragere *quae Dei sunt, et Christianae Religioni
conveniunt.*

Cardinalis Baronius visus est sibi invenisse Romae anno
Domini 894 Sodalitium plurimorum Sacerdotum, inter quos
erant et nonnulli Episcopi, ad hoc ut post obitum singuli consodalium sacrificiis juvarentur. . . . Alia exempla prae-
cessere, vel ab ipso Mabillonio indicata ad annum 859, in
Gallia, ubi inter Episcopos, aut Sacerdotes, vel monachos
initum est foedus de missis celebrandis, *aliisque pietatis operibus peragendis* pro defunctorum requie.[18] In ecclesia Sanctorum Cosmae et Damiani Romae invenitur adhuc lapis com-
memorans illam Sodalitatem piorum Sacerdotum, qui mutua
se obstrinxerunt obligatione animas consodalium post mortem
juvandi per oblationem quadraginta Missarum necnon per
exercitium aliorum piorum operum. . . .

Quod tempore Caroli Magni et jam ante annum 800 inveni-
rentur in Occidente piarum personarum confratriae, testatur
laudatus Muratori, qui dicit, quod in illo tempore erant jam
illic institutae piarum personarum confratriae, quae operam
dabant pietatis et charitatis operibus, id est facere dona
Ecclesiis, luminaria manu tenere, mortuos ad sepulturam
comitari, eleemosynas facere et attendere ceteris pietatis operibus ad suipsius sanctificationem et ad proximorum auxilium.
Debemus tamen concedere, inquit Muratori, quod illae Confraternitates non adhuc nostris similes erant, quum nondum,
uti in praesens, signo aliquo distinguebantur, non sacco indue-
bantur, non denique sacrum vexillum erigebant.

---

[18] Muratori, in cit. Dissert. 75.

Joannes Bouvier, in suo *Tractatu de Indulgentiis* dicit: "Si Odorico Raymaldo, in Annal, Ecclesiast. MCCLXVII. num. 83, fidem habere volumus, primum laicorum sodalitium, cui vulgo nomen Confraternitas, natum Romae est in eodem anno MCCLXVII, quo instituta est sodalitas Sanctae Mariae *del Gonfalone*, et auctoritate Clementis IX. Papae confirmata, uti ex ejus Bulla consat. *"Hujus,"* subdit ille, *exemplo condita alia pia Sodalitia, et a Summis Pontificibus approbata ac comprobata fuerunt."* Eamden sententiam tenet Thomas Bosius,[19] qui hujus laudati Sodalitii auctorem exhibet nobis Sanctum Doctorem Bonaventuram, atque inde, dicit, cetera sodalicia exemplum cepisse.

Ejusdemque opinionis est Giaconius; nempe quod prima Confraternitas in Urbe, Gonfalonis nuncupata, instituta est a Seraphico Doctore Sancto Bonaventura. "Illud peculiare," inquit Giaconius, "Bonaventurae tríbuunt, ut primus instituerit e Laicis Sodalitates, qui ad opera pia convenirent. Initium vero hujus instituti sanctissimi Romae factum est in Sodalitate seu Archiconfraternitate *Gonfalonis* prope annum 1270, cujus exemplo innumerae aliae Sodalitates in Orbe christiano formatae sunt, quarum institutis omnia pietatis munera comprehunduntur."[20]

Revera, S. Doctor Seraphicus duodecim viris adscitis, qui fidelium redemptioni e Saracenorum captivitate vacarent, Sodalitatem *Commendatorum S. Mariae*, postea *Gonfalonis* nuncupatam instituit, eisdemque crucem bicolorem in scapula dextera albo et rubro colore distinctam contulit, ac certas leges ab eisdem observandas praescripsit a Clemente IX anno 1267 approbatas. Nomen *Gonfalonis* derivavit Confraternitati ex vexillo, in quo imago B. Mariae Virginis erat depicta.[21]

Licet autem Giaconius absolute affirmet, S. Bonaventuram primum fuisse institutorem Sodalitatum, tamen si res non pro Urbe tantum sed pro Orbe seu generatim consideretur, Confraternitatum institutionem supra divi Bonaventurae aetatem referre cogimur. Ex documentis enim constat, uti jam vidimus, extitisse ante eum hac illac nonnullas Confraternitates, speciatim in Gallia.

---

[19] Thomas Bosius, De Signis Ecclesiae, lib, IX, cap. V.
[20] Giaconius in "Vita S. Gregorii IV," tom. II.
[21] Mocchegiani, Collect. Indulg., n. 1661.

Italia vero cum fere tota a saeculo IX usque saeculum XIII
assiduis Barbarorum incursionibus reperiretur perturbata, et
ab intestinis dissensionibus civilibusque bellis lacerata, ple-
raque pietatis et charitatis officia exulabant, nilque mirum,
quod eo usque nulla aut pene nulla hujusmodi Confraternitatum mentio facta reperiatur.[22]

Solum in Concilio Romano 1189, describitur Societas, seu
Frateria, vel Fratria Clericis et Laicis constans.

Per transennam hic addere expedit, quod nomen Confraternitatis non semper significabat olim bonam ecclesiasti-
camque sodalitatem, sed aliquando significabat etiam societatem minus honestam. Perbelle hoc probat M. L'Abbe Migne.
in suo opere "Novelle Encyclopédie Théologique, tom. I. "De
Confraternitatibus et Corporationibus artium." Ecce quomodo scribit laudatus M. L'Abbe Migne in paragrapho secundo
in·ipsa citati operis introductione: "Est opinio etiam nostris
temporibus satis frequenter admissa, Confraternitates non
fuisse ordinarie nisi praetextus fucatos ad habendos conventus
minus honestos. Multi quorum odium et antagonismus contra
Christianam Religionem satis cognita sunt, instituta illa ve-
nerabilia risui habuerunt. Abusus aliquos irrepsisse negare
non possumus. Attamen abusus illi fueruntne tam graves ac
tam frequentes quam viri isti extravagantes affirmare ausi
sunt? Uno verbo excessus illi sunt tales ut suppressio totalis
Confraternitatum approbari exinde possit, ac damnum nullum
attulerit earum absentia? Equidem nos affirmare illud non
auderemus, sicuti jam dixit M. L'Abbe Ouin-Lacroix. Existi-
mamus potius abusus illos fuisse praeter modum exaggeratos;
nam bene notum est mentis humanae proprium esse augere
saepissime malum in detrimentum boni. Quidquid sit, cone-
mur totius rei exactam ·referre imaginem—ardenti zelo a
primitivo fervore derivante animatae, societates istae a suis
primordiis nonnisi exempla virtutum et devotionis praesefere-
bant. Membra ad invicem uniebantur solummodo ad mutuam
aedificationem et solatium reciprocum in necessitatibus suis.
At sensim sine sensu, per funestam inclinationem humano
generi naturalem, ardor ille priorum dierum refriguit, obser-
vantio laxior statutorum in transgressionem degeneravit et

---

[22] Ferraris, Prompta Bibliotheca, V. Confraternitas, art. I, n. 84.

deinde abusus multiplices. Honoris locus in ecclesia occasio permanens fiebat luctae ambitiosae; processiones praetextus vanae demonstrationis; congressus fons dissolutionis, imo rixarum aliquando et machinationum politicarum. Audiatur quid circa hanc rem Concilium Rothomagense anno 1189 dixerit: "Confraternitates quae ex pietate sub titulo "Caritatum" erectae sunt, nocent potius fidelibus deturbando ordinem communem ecclesiarum; insinuant mentibus desiderium inquietum dominandi ac fanatismi speciem. Erigitur in unaquaque ecclesia altare contra altare, opponitur sacrificium sacrificio, sacerdos sacerdoti, parochus parocho; nihilominus nobis non videtur necesse esse ut aboleantur (confraternitates) quia negari nequit in istis per se etiam bona opera fieri easque utiles esse publicis in calamitatibus; abusus tantum e medio tollere volumus."

Suffultae et confirmatae favore et plausu universali Confraternitates erigebantur multis in locis et primo quidem cum auctoritate Episcopi et potestatis temporalis adjutorio; paulatim vero culpabili audacia abreptae tentarunt excutere jugum utriusque potestatis, pluresque erigebantur sine ulla formalitate praeter decretum fundatorum quorumdam qui minus virtuti inhiabant quam famae. Potestas regia impietates istas audaciores fortiter reprimebat diversisque in circumstantiis decreta rigorosa edidit contra negotiorum hujusmodi auctores. Senatus ex sua parte juvabat oppositionem principum pluraque exempla nobis refert historia de suppressione confraternitatum a diversis senatibus decreta. Hujusmodi suppressionum dicit Lacroix, duplex erat finis: reprimere spiritum independentiae a confraternitatibus illis affectatae, ac deinde impedire excessivam multiplicationem talium societatum, quae propter conditionem temporum in dies augebantur numero simulque frenum regum et Episcoporum duci aegre ferebant. Haec nostra opinio confirmatur sequenti loco hausto ex "Recueil des Lois" Ludovici de Héricourt, advocati senatorii. "Verum est, "inquit," tolerari confraternitates istas qui finem sibi praestituunt conveniendi in ecclesia pro recitandis precibus audiendisque instructionibus, assistendo officiis, recipiendis Sacramentis; quod si seditionem movent; alios scandalizant, sibique jura arrogant, honores, loca prae-

cipua in sanctuario ecclesiarum, auctoritas publica legitimam
rationem habet inquirendi titulum fundationum earum ac si
producere illum nequeunt, eas prohibendi et supprimendi.
Agendo hoc modo lectionem severam ipsis daret ac una fra-
ternitas ita suppressa alias doceret ut in officio continerentur.
Altera ratio quae principes etiam saepe movebat ut Confraternitatibus constanter advigilarent haec fuit, quod aliqui pal-
lio sacro abutebantur ad politicas machinationes cooperiendas.
Jam ab anno 1212 Simon Comes Montfortiensis necessarium
esse duxit decreta rigorosa fere, ut abusus hujusmodi inter-
ciperet. Nullus baro, inquit, urbanus nullus aut ruralis audeant ullo modo obligationem datae fidei vel juramenti praestiti
inire in quacumque conjuratione etiam *sub praetextu* confraternitatis aut alterius boni, qui saepe ex mendaciis conflatus
est, nisi id fiat consentiente et approbante domino supradicto,
et si aliqui convicti fuerint de *hujusmodi* conjuratione contra
ipsum (dominum), erunt quoad corpus et bona (vitam et for-
tunam) in ejus omnimoda potestate. Quod si non sit (con-
juratio) contra dictum dominum, conjuratores solvent sex
libellas tantum, si barones, centum solidos, si equites, sexaginta solidos, si urbani, quadraginta solidos, si rurales, solidos
viginti. Anno 1306 Philippus Pulcher realem valorem pecuniae infirmare conatus est, eo fine ut sibi argentum procuraret,
quapropter Parisiis tumultus popularis exortus est, in quo
primarias partes egerunt magna cum intrepiditate magistri
confraternitatis cujusdam B. Mariae Virginis. Rex irritatus
primo quidem Confraternitatem suppressit, sed timens majus
malum propter magnam istorum magistrorum potestatem ori-
turum, eam restituere non tardavit. Anno 1358 Carolus
Quintus amnestiam concedens inter seditiosos quibus pepercit,
enumerat confraternitatis cujusdam: "Ignosco illis, inquit,
quod quasi monopolium quoddam magnam societatem fecerunt
dictam Beatae Mariae Virginis, in qua faciebant diversa jura-
menta, pacta, et foedera contra nos."

Sciendum est tamen quod tales inordinationes non erant
generales nec in Gallia necque in Italia, ubi Confraternitates
in spiritu primi fervoris vixerunt maximeque se propagave-
runt ineunte saeculo XIII. Audiamus circa hanc rem cele-
brem Ferrarium:[23] "Ineunte tandem saeculo XIII, cum

---

[23] Perraris, op. cit. v. Confraternitas, art. I., n. 86.

Italicae Civitates interquiescere inciperent opera praesertim Fra. Joannis a Vicentia, aliorumque, qui Populos Sacris concionibus ad pacem, et concordiam vocabant; hinc animi ad poenitentiam commoti publicas inire supplicationes inceperunt, se ad sanguinis usque effusionem verberare, discordes ad concordiam redire, usurarii male ablata restituere. Isti poenitentium coetus cum ab una in aliam Urbem peregrinarentur, adeo ad poenitentiam excitarunt gentes, ut maximo erga Deum amore, maximaque erga proximum charitate succensi omnes Italiae urbes impleverint sacris hisce supplicationibus; utque una ab alia Societate distingueretur saccum induere, et vexillum erigere coeperunt, illisque primis Confraternitatibus datum fuit nomen *Flaggellantium.*"

Pariter saeculo XIII S. Franciscus ab Assisio institutum Tertii Ordinis excogitavit, cui seu viri seu foeminae nomen dabant. Institutum hoc juxta primitivam normam manet adhuc hodie, et diffusum est per universum Orbem, pluribus obtentis privilegiis ab Apostolica Sede, et a Leone PP. XIII maximopere commendatum.

Eodem ferme tempore excelluit S. Dominicus, Ordinis Praedicatorum fundator, qui divinitus admonitus ad grassantem Albigensium haeresim pervincendam ac debellandam, piam rosarii formulam invenit, vulgavitque, ac sub eo nomine viros, ac foeminas eadem ratione, qua laudatus S. Franciscus, in vinculo charitatis conjunxit, qui religionis opera, et charitatis christianae officia exercerent.

Quibus Confraternitatibus eodem XIII saeculo accessere aliae, e quibus celebriores sunt Confraternitas Scapularis B. Mariae Virginis de Monte Carmelo, Sodalitas Corrigiatorum S. Augustini atque Septem Dolorum Virginis Mariae.

Extra dubium ergo videtur positum, saeculo praesertim XIII quammaxime fuisse propagatas Confraternitates.[24] Tempus

---

[24] De Confraternitatibus ita loquitur Emus Cardinalis Carolus Aloysius Morichini in opere *Degli Istituti di publica carità* . . . in Roma, vol. 1. capite XXI:

Fra gli istituti limosinieri tengono il primo luogo le Confraternite. L'unirsi di più uomini secolari in congregazione per attendere a qualche opera religiosa o caritatevole sembra che avesse cominciamento fin da'tempi di Costantino (Baroni, Annali, anno 336). Però le Confraternite ebbero la forma che hanno oggidì sul principio del secolo XIII, e furono contemporanee agli Ordini de'Frati; e come questi si riunivano in comunanza religiosa legati con solenni voti per santificare se

magni schismatis occidentalis parum pavit novis Confraternitatibus, sed tamen inde a saeculo XV non pauca nova Sodalitia
introducta sunt, inter quae eminent Confraternitas SSmi
Sacramenti, a Paulo III. Constitutione "Dominus Noster" die
30 Nov. 1539 approbata. Deinde longa series aliarum Sodalitatum secuta est, quibus saeculo XVIII Josephus II in Austria
et revolutionarii in Gallia adversabantur.[25] Ultimo saeculo
Episcopi in Conciliis provincialibus Confraternitates ad promovendam inter fideles unitis viribus pietatem et caritatem
vehementer commendavere.

Quoniam vero hujusmodi sacra instituta, tametsi plurima in
ecclesia Dei spiritualium fructuum segetem elicerent, nihilominus utpote hominibus non angelis coalescentia, aliquando
nonnullis incommodis causam suppeditarent, Summi Pontifices, rei catholicae vigilantissimi custodes, suam ipsis providentiam ac vigilantiam impendere non destiterunt, ut finem,
ad quem comparata erant, nedum non relinquerent, quin imo

---

stessi e giovare i prossimi: così le persone laiche formarono, per
quanto il compativa la lor condizione, delle comunanze, le quali ebbero
statuti e leggi particolari, ebbero chiese ed oratorii, ebbero pratiche di
pietà e di penitenza, ebbero limosine, e soccorsi pe'poveri, e per lo più
aggregate a qualche Ordine religioso parteciparono de'beni spirituali
e delle indulgenze, e vestirono ancora un sacco con capuccio e si cinsero
i lombi con una striscia o con una fune. Il nome stesso che ritengono
i reggitori delle Confraternite, che appellansi *Guardiani*, et il titolo
che si dà a tutti gli ascritti di *Fratelli*, fa chiaramente conoscere la
somiglianza che passa fra gli Ordini mendicanti e coteste pie istitu-
zioni. Se si leggono gli statuti e ordinamenti delle Confraternite, i
quali tutti più o meno sono foggiati alla maniera medesima, si vede
l'indole popolare del tempo in che nacquero, e scorgesi quella profonda
e sentita religione che animava il medio evo; il quale se fù grande per
delitti e per sciagure, fù grande altresi per altissime virtù e per opere
segnalate di pietà.
Le Confraternite erano il modo di associamento che si aveva in quei
tempi, utile per la religione che promovevano, pel bene che adopera-
vano, e perchè in quell'età di feroci fazioni distoglievano l'animo dai
partiti politici. Queste pie radunanze si posero sotto la tutela de'Vescovi e del clero anche regolare, ebbero la sanazione dell'autorità-
apostolica, la quale accordò loro indulgenze e privilegii ancor segna-
latissimi. Alcune si dissero anche *Archiconfraternite* perche sono
come capo di altre che hanno un medesimo scopo e un medesimo statuto
e chiamansi *Confraternite aggregate* o *filiali* e partecipano agli stessi
beni spirituali delle loro madri Archiconfraternite.
Questa è certamente l'origine e l'indole di simili istituti che vera-
mente fecere gran bene: fondarono spedali, ospizii, monti di pietà,
ebbero cura de'prigioneri, de'pellegrini, insomma di ogni fatta di
poveri e d'infelici." (Mocchegiani, op. cit. n. 1616, in ota.)
[25] Wernz, op. cit., tom. III, pars. II, n. 704.

alacrius etiam atque etiam insisterent, ac tutius assequerentur. Deinde, cum primariae Sodalitates, Romae praesertim sedem habentes, dictae Archiconfraternitates, inter alia privilegia, eo etiam perfruantur, ut alias sodalitates per alia totius catholici orbis loca aggregare possint, unaque illis indulgentias, ac spirituales favores sibi impertitas communicandi jus obtineant, hinc accidebat, ut hoc etiam ex fonte persaepe dubitationes, lites, dissidia, aliaque incommoda subnascerentur. Itaque s. m. Clemens PP. VIII, saluberrimam Constitutionem edidit die 7. Decembris 1604, incip. *Quaecumque,* quae solemnem atque canonicam omnibus hujusmodi sodalitiis formam in modum uniformis, constantisque regulae praeberet. Quam Constitutionem etiam SSmus D. N. Pius PP. IX confirmat et inculcat.—De qua uniformi ac solemni forma in erectione Confraternitatum servanda, erit sermo in capitulo sequenti.

CAPUT III.

DE CANONICA CONFRATERNITATUM ERECTIONE

Jus associationis liberum est in Ecclesia, neque necessaria est canonica sanctio, ubi fideles desiderent sese in societatem conjungere ad pietatis charitatisque officia obeunda.[26]

Confraternitas institui debet ab auctoritate ecclesiatica, quia est corpus morale in ecclescia; corpora autem moralia in aliqua societate legitime non cöeunt nisi ex permissione auctoritatis socialis.[27]

Ab auctoritate ecclesiastica ergo fidelium associationes accipiunt *subsistentian,* quae apud Canonistas vocatur *personalitas juridica.*

Haec canonica erectio requiritur tamquam conditio sine qua non, ut Confraternitas aliqua dici possit canonice erecta; alioquin non esset Confraternitas proprio sensu uti talis, sed tantum uti associatio quaecumque.[28] Interventus scilicet requiritur auctoritatis ecclesiasticae, quae de insitutionis bonitate judicet, eam approbet, tribuat ei characterem Confraternitatis, eique conferat juridicam personalitatem. Hinc est, quod in documentis Apostolicae Sedis, dum agitur de piis Sodalitatibus, erectio canonica semper absolute praescribitur vel supponitur *tamquam conditio omnino necessaria ad lucrandas indulgentias.* Sufficit hac super re conferre Clementis VIII Constitutonem "Quaecumque," in paragrapho 3:—"in singulis civitatibus, oppidis vel locis, unam etiam Confraternitatem et Congregationem dumtaxat, quae Apostolica vel Ordinaria auctoritate prius erecta ... sibi adjungere et aggregari possunt."

Sacra etiam Congregatio Indulgentiarum pluries declaravit necessitatem canonicae erectionis his vel similibus verbis: *"Dummodo Sodalitates sint canonice erectae."* [29]

Ceterum veritas clarius apparebit ex dicendis, praesertim cum sermo erit de Confraternitatum aggregatione alicui Archiconfraternitati ejusdem nominis et instituti ob finem fruendi

---

[26] Leo XIII in Litteris "Augustissimae," 12 Sept. 1897.
[27] Ojetti, op. cit. in paragrapho—De erectione Confraternitatum.
[28] Idem in eodem paragrapho.
[29] Decret. auth. NN. 298 et 320.

indulgentiis, quae ejusdem Archiconfraternitatis propriae sunt. Videbimus enim aggregationem nequaquam fieri posse, nisi Confraternitas ab auctoritate ecclesiastica prius canonice erecta fuerit.

Et ipse novus Codex Juris Canonici clarissime expositam doctrinam confirmat. In Canone enim 708 legitur:

Confraternitates nonnisi per formale erectionis decretum constitui possunt; pro piis autem unionibus sufficit Ordinarii approbatio, qua obtenta, ipsae, licet personae morales non sint, capaces sunt obtinendi gratias spirituales ac praesertim indulgentias.

Ex eo, quod Sodalitas quaelibet, ut indulgentiis gaudeat, debeat esse canonice erecta, opponere quis posset, dari vel dari posse Sodalitates seu pias Uniones indulgentiis ditatas, quamvis formali erectione careant, ecclesiastica tantummodo *approbatione* munitas. Respondetur id verum esse ex speciali Sanctate Sedis gratia, uti fas est videri in super allato Canone 708. Sancta enim Ecclesia de religione promovenda ac fidelium salute semper sollicita, coelestium thesaurorum concessione filios suos allicit et excitat ad quaelibet opera pietatis et charitatis exercenda. At verum est etiam, hujuhmodi Sodalitates, quoadusque non fuerint canonice erectae, haud posse Archiconfraternitatibus aggregari, nec proinde gaudere privilegiis et indulgentiis, quibus eaedem Archiconfraternitates vel Congregationes Primariae sunt ornatae. Patet hoc ex paragrapho 3 Constitutionis Clementis VIII "Quaecumque."

Si in Sodalitatum ergo erectione desit interventus auctoritatis ecclesiasticae, sodalitium erit laicale, proinde ejus bona possunt alienari absque dependentia ab auctoritate ecclesiastica. Quod si gaudeat jure patronatus, tempus utile ad nominandum est quadrimestre et non semestrae; et si nominaretur persona indigna, Sodalitium non privaretur pro ea vice jure aliam praesentandi, sicut privantur patroni ecclesiastici.

Hisce praemissis, dataque Confraternitatis definitione, sponte sua sequitur interrogatio: Quis in Ecclesia auctoritatem habeat Confraternitates erigendi et quales sint normae in earumdem Confraternitatum erectione servandae?

In erectione Confraternitatum duo sunt distinguenda jura, nempe: Jus Ordinarium, et Jus ex Apostolico Privilegio.

Art. I.   De Jure Ordinario in Confraternitatum erectione.

1. Jure ordinario ad Episcopum spectat erigere in sua dioecesi Confraternitates. Sacra enim Rituum Congregatio die 7 Octobris 1617 declaravit: *Nemini licere, inconsulto Episcopo, in sua dioecesi erigere et creare de novo Confraternitates, et earum statuta confirmare, quae omnia privative quoad alios ad Episcopum tantum pertinent in sua dioecesi.*

Excipiendae sunt tamen nonnullae Confraternitates, quarum erectio ex privilegio Apostolico reservata est *privative quibusdam Ordinibus regularibus,* ut in articulo sequenti dicemus.

Quod erectio canonica Confraternitatum fit per Ordinarium, et non est opus Apostolica confirmatione, patet ex decreto authentico N. 195. Interrogationibus enim Sacrae Congregationi porrectis: "An dici possit canonica erectio Confraternitatis, solius Ordinarii auctoritate facta?—Et an reportari debeat Apostolica confirmatione?—Sacra Congregatio respondit: Ad prium, *affirmative,* et ad secundum, *non indigere.*

2. Non potest tamen Episcopus propria auctoritate erigere Confraternitates in Ecclesia Cathedrali, sed requiritur ad hoc Capituli Cathedralis consensus, ut censuit Sacra Congregatio particularis in Albanensi. [30] Idemque claris confirmatur verbis in novo Codice Juris Canonici: "Ne instituantur, sine Capituli consensu, in ecclesia cathedrali aut collegiali." [31]

Sequitur nunc interrogatio: Ad quemnam spectet Confraternitatum erectio mortuo Episcopo? Aliquis putare posset erectionem Confraternitatum spectare tunc ad Vicarium Capitularem, quum et ipse sit Ordinarius, sed contrarium nos docet Decretum authenticum N. 439 a Sacra Congregatione Indulgentiis Sacrisque Reliquiis praeposita die 23 Novembris anno 1878 emanatum, quod ita se habet:

1878   23 Novembris.   De facultate Vicarii Capitularis quoad
Confraternitates.

Congregationis Praetiosissimi Sanguinis.-Cum in Aurelianensi, diei 18 Augusti 1868 ab hac Sacra Congregatione Indulgentiis Sacrisque Reliquiis praeposita declaratum fuerit, Vicarios Generales in erigendis Confraternitatibus, earumque

---

[30] Sacra Congregatio Rituum sub die 19 Septembris 1710.
[31] Novus Codex Juris Canonici, Can. 712, paragraph 2.

statutis approbandis, ac litteris testimonialibus concedendis juxta Clementis VIII Constitutionem, quae incipit: *"Quaecumque"* haud pollere potestate ordinaria, sed speciali indigere delegatione; in dubium etiam fuerunt revocatae ipsius Vicarii Capitularis quoad praedicta facultates: unde Superior Generalis Congregationis Praetiosissimi Sanguinis preces huic Sacrae Congregationi porrexit ad hoc, ut sequentia dubia dignetur resolvere:

1. Potestne Vicarius Capitularis erigere Confraternitates, ita ut erectio sic peracta canonica sit?

2. Utrum Vicarius Capitularis possit valide concedere litteras testimoniales ac consensum requisitum a Clemente VIII pro aggregatione Confraternitatum?

3. Utrum Vicarius Capitularis possit approbare statuta Confraternitatum? In generali Congregatione habita in Palatio Vaticano die 15 Novembris 1878 EE. PP. Cardinales rescripserunt:

Ad 1. 2. et 3.: . . . *Vicarius Capitularis se abstineat.*

Hoc tamen hic adnotare debemus, quod si iis non obstantibus, Vicarius Capitularis erectiones perageret Confraternitatum, istae censendae forent tamquam valide erectae, quum verba Sacrae Congregationis consilium tantum, quamvis sat grave, sed non prohibitionem important.

Juxta nonnullos, Sacra Congregatio in danda hac declaratione fuit ducta mente, "ne sede vacante aliquid innovetur."

3. Postquam vidimus quid possit, seu melius quid non possit Vicarius Capitularis in Confraternitatum erectione, mens currit ad Vicarium Generalem. Videamus ergo qualis sit ejus circa Confraternitatum erectionem potestas.

Vicarius Generalis ad Confraternitates erigendas indiget speciali delegatione, sine qua:

(*a*) Non potest auctoritate ordinaria erigere Confraternitates;

(*b*) Non potest valide concedere Litteras Testimoniales ac consensum requisitum a Clemente VIII pro aggregatione Confraternitatum;

(*c*) Non potest denique approbare statuta ipsarum Confraternitatum.

Quod in primis non possit auctoritate ordinaria erigere Confraternitates patet ex decreto authentico n. 420, quod quum sit unicum documentum, quo Vicarii Generalis hac in materia describitur auctoritas, optimum putavi illud hic per integrum referre, quod hujus est tenoris:

1868 18 Augusti. De Vicarii Generalis potestate circa erectionem Confraternitatum.

Aurelianen. Etsi Vicarius Generalis vi officii sibi generaliter commissi expedire possit ea negotia, quae ad Ordinariam Episcopi jurisdictionem spectant; nonnulla tamen exercere nequit sine speciali Episcopi mandato: ea nempe, quae vel ex jure scripto, vel ex causae gravitate specialem commissionem requirunt. Inter haec autem adcensendam esse Confraternitatum erectionem tum Doctores docent, tum inferri videbatur ex Sacrae Rituum Congregationis resolutione edita die 7 Octobris 1617, qua Episcopo Elboren. respondit: "Nemini licere inconsulto Episcopo in sua dioecesi erigere et creare de novo Confraternitates, et earum statuta approbare et confirmare, quae omnia privative quoad alios ad Episcopum tantum pertinent in sua dioecesi."

Praeterea Vicarius Generalis non potest pariter vigore officii sui sese ingerere in exsequutione litterarum Apostolicar pro hujuscemodi indultis, si haec fuerint Episcopo directa, nisi potestas subdelegandi eidem facta fuerit, suumque Vicarium Generalem reapse subdelegaverit. Id confirmatum reperitur ab hac Sacra Congregatione in una Gratianopolitana diei 24 Maji 1843. Cum enim Episcopus Gratianopolitanus ab Apostolica Sede obtinuisset praeter alias facultates, licentiam erigendi in sua dioecesi plures Sodalitates, quaesitum fuit a Sacra Congregatione, *utrum duo Vicarii Generales ejusdem Episcopi, qui cum ipso unam personam moralem efficiebant saltem quoad jurisdictionem ordinariam, uti possint facultatibus praedictis, scilicet Sodalitates erigendi, etc.*

Sacra Congregatio respondit: *Indulta seu facultates, de quibus in praeposito dubio, etsi non cedant in propriam Episcopi utilitatem, sed in gratiam dioecesanorum, non sunt tamen de ordinaria sua potestate ad rectam necessariamque animarum sibi commissarum administrationem ordinata; ita ut, eo absente, vel morbo laborante, sive nimiis occupationibus impedito, vices pro eo alius gerat, tamquam ab ipso legitime deputatus, sed cum sint potius favores, quod idem Episcopus ab Apostolica Sede personaliter impetravit, hinc ab Episcopo tantum erunt fidelibus sibi commissis distribuendi, nisi in precibus Apostolicae Sedi delatis expostulasset iis verbis, aut similibus, nempe eos sive per se, sive per suos Vicarios Generales communicandi,* etc.

Denique in Constitutione Clementis VIII incip. *Quaecumque,* etc., cum præcipiatur, aggregationem Confraternitatum faciendam esse praevio Ordinario loci consensu, et cum ejusdem litteris testimonialibus; et praeterea statuta earumdem Confraternitatum non posse tradi, nisi ea prius ab Episcopo dioecesano examinata, et pro ratione loci approbata fuerint, in utroque casu venire solum Episcopum inferebatur tum ex verbis Constitutionis, tum ex rei natura; ita ut Vicarius Generalis ad id speciali indigeat mandato. Per aggregationem enim Confraternitas quadam nova erectione perficitur, et per statutorum traditionem, privilegiorum ac indulgentiarum communicatio ad sublimioren evehitur statum.

Unde hic Ordinarii appellatione solum Episcopum designari visum est, quemadmodum in casu, de quo in Tridentino Concilio Sess. 23. cap. 8 de Reform. hisce verbis: *Unusquisque autem a proprio Episcopo ordinetur. Quod si quis ab alio ordinari petat, nullatenus id ei permittitur, nisi ejus probitas et mores Ordinarii sui testimonio commendentur.* Ordinarii autem nomine hic intelligi Episcopum, non vero Vicarium Generalem, nisi antea speciale ei mandatum ab Episcopom tributum fuerit, omnes tradunt Doctores, ita ut Vicarius Generalis absque eo dimissoriales, seu testimoniales litteras concedere minime possit. Nil mirum igitur, quod Vicarius Generalis Episcopi Aurelianensis quatuor sequentia dubia Sacre Congregationi enodanda proposuerit, nempe:

1. Cum Episcopus obtinuerit facultatem a Sede Apostolica erigendi Confraternitates cum respectivis indulgentiis, possitne Vicarius Generalis id praestare absque speciali delegatione Episcopi?

2. Potestne Vicarius Generalis auctoriate ordinaria erigere Confraternitates absque delegatione Episcopi, ita ut erectio sic peracta canonica sit?

3. Utrum Vicarius Generalis possit valide concedere litteras testimoniales ac consensum requisitum a Clemente VIII pro aggregatione Confraternitatum?

4. Utrum Vicarius Generalis possit approbare statuta Confraternitatum?

Quibus EE. PP. in comitiis generalibus apud Aedes Vaticanas habitis die 20 Julii 1868, audito Consultoris voto, et re mature perpensa, rescribendum duxerunt:

Ad 1-um: Negative, nisi Episcopo subdelegandi potestas in Apostolico Indulto concessa fuerit, suumque Vicarium Generalem subdelegaverit.

Ad 2-um: Negative.

Ad 3-um: Negative.

Ad 4-um: Negative, et supplicandum SSmo pro sanatione quoad praeteritum.

Et facto de praemissis relatione SSmo D.N.Pio PP.IX in Audientia habita a Cardinali Praefecto die 18 Augusti 1868, Sanctitas Sua resolutionem Sacre Congregationis approbavit et confirmavit, et sanationem erectionum Confraternitatum, et approbationum statutorum a Vicariis Generalibus usque ad totum currentem diem 18 Augusti 1868 factarum, necnon, aggregationum, quae cum litteris testimonialibus et consensu Vicariorum Generalium locum hucusque habuerunt, benigne impertita est. Contrariis quibuscumque non obstantibus.

Itaque Vicarii Generales, in erigendis Confraternitatibus, earum statutis approbandis, ac litteris testimonialibus pro earum aggregatione dandis, haud pollent potestate ordinaria, sed speciali indigent delegatione, nisi vigore litterarum vicariatus deputati sint, non solum ad generalia, sed etiam ad *specialia* loco Episcopi peragenda. Patet hoc ex decreto hic allato, necnon ex decreto S.C. Indulgentiarum diei 16 Nov. 1888.

Viso ergo, quod Episcopus Confraternitates erigere potest in sua dioecesi auctiritate propria et ordinaria; quod Vicarius Capitularis debet sese ab iis erigendis abstinere et quod Vicarius Generalis tantummodo ex speciali Episcopi delegatione possit eas erigere litterasque testimoniales pro aggregatione concedere, videndae sunt nunc conditiones quae observandae sunt in Confrateritatum erectione, ut haec canonica fiat.

Art. II. De iis quae in Confraternitatum erectione servari debent

Haec est rerum humanarum conditio, ut sanctissima quoque instituta, utpote hominibus coalescentia, haud raro incommodis causam suppeditent. Ita etiam Confraternitates ecclesiasticae, tametsi plurimam in ecclesia Dei spiritualium fructuum segetem elicerent, nihilominus utpote hominibus, non angelis, constantes, aliquando nonnullis incommodis causam praebuerunt.[32] Summi Pontifices ecclesiae universalis sollicitudinem humero sustinentes suam ipsis vigilantiam ac providentiam impendere non destiterunt, ut finem, ad quem Confraternitates illae comparatae erant, nedum non relinquerent, quin imo alacrius etiam atque etiam insisterent, ac tutius assequerentur. Deinde, cum Primariae Sodalitates, Romae praesertim sedem habentes, vulgo Archiconfraternitates, inter alia privilegia, eo etiam perfruerentur, ut alias sibi Sodalitates totius orbis catholici aggregare possent, unaque illis indulgentias, ac spirituales favorese sibi impertitas communicandi jus obtinerent, non raro accidebat, ut hoc etiam ex fonte persaepe dubitationes, lites, dissidia, aliaque incommoda subnascerentur. Itaque Clemens VIII die 7 Decembris anno 1604 edidit Constitutionem *"Quaecumque,"* quae solemnem atque canonicam omnibus hujusmodi Sodalitiis formam in modum uniformis et constantis regulae praeberet. Sanctissimus etiam D.N.Pius PP. IX litteras encyclicas ope S.C. Indulgentiarum dari jussit, quibus laudatam Clementis VIII Constitutionem confirmat et inculcat. Inter alia enim haec in laudatto Decreto "Urbis et Orbis" leguntur:

"Ad dubitationem itaque omnem tollendam super validitate harum institutionum seu aggregationum Sanctitas Sua benigne sanavit institutiones et aggregationes hucusque factas, in quibus aliquid ex praedictis desidereretur, quod perficiendum erat per Constitutionem enunciatam aut Decretum superius expressum, vel contra in iisdem praescripta aliquid peractum sit, simulque mandavit, ut in posterum formula in hujusmodi erectionibus et aggregationibus adhibenda concordet saltem in substantialibus cum illa praescripta a Clemente VIII, cujus

---

[32] Sebastianelli, op cit.—De Personis, n. 384.

Constitutionis ad minus praecipua capita in eadem formula inserantur cum variationibus ad Eadem Sanctitate Sua approbatis."

Ex hisce videtur, quod in Confraternitatum erectione servari debent, et hoc sub poena nullitatis, normae a Clemente VIII praescriptae in sua celebri Constitutione Quaecumque, 7 Decembris 1064; quae quidem praescriptiones, uti nunc vidimus, innovatae fuerunt a Pio PP.IX, necnon a Paulo V in Constitutione "Quae salubriter." In hac Sua Constitutione Summus Pontifex gravissime praecepit, ut personae jus aggregandi obtinentes *"Nullas in posterum indulgentias communicare possint, nisi praedictae Constitutionis Clementis VIII forma servata, et eas solummodo, quae a Nobis illis praescribitur ..... sub poenis in iisdem litteris contentis."*

Normae a Clemente VIII praescriptae quae in Confraternitatum erectione servandae sunt, praecipuae sunt sequentes:

1. Una tantum Confraternitas ejusdem generis et instituti erigi potest in ecclesiis tam secularium quam regularium; imo necesse est (nisi ex privilegio aliud concessum fuerit), ut nulla alia similis Confraternitas in propinquo quodam loco, seu non ultria tria milliaria, fuerit erecta.

Regula generalis, fere hactenus ea fuit, ut Confraternitates ejusdem generis et instituti erigi non possent in duabus paroeciis, quamvis separatis in oppidis constitutis, *quae non distarent ab invicem una leuca* (circa tria milliaria).

Clare hoc patet ex decreto authentico ex die 22 Augusti 1842, N. 308 ad 3-um:

Cum paroeciae non distent ab invicem una leuca, si tamen sunt in separatis oppidis constitutae, poterunt erigi in ambabus Confraternitates eaedem?

Responsum fuit: Affirmative, si agatur de Confraternitatibus SS. Corporis Christi et de Doctrina Christiana, quae praeter indulgentias hujusmodi Sodalitatibus a Paulo V concessas, singulari quoque privilegio gaudent, juxta Sacrae hujus Congregationis Decreta, quod nempe in singulis quoque paroeciis institui possint. Negative vero, si agatur de Confraternitatibus in genere.

Eadem lex inculcatur in formula a Superioribus regularibus in erigendis Confraternitatibus servanda. Dicitur enim ibi: *"Dummodo talis alia* similis in ipso vel alio *ad tria milliaria* propinquo loco hactenus erecta non fuerit, per praesentes nostras litteras erigimus (Confraternitatem)."

Nec licebat, generatim loquendo, *in frequentioribus civitatibus* Confraternitates *ejusdem nominis et instituti erigere.* Obveniente autem gravi causa ad Sanctam Sedem recurrendum erat, uti patet ex Decreto authentico N. 403 ad 2. Proposito enim dubio: An in frequentioribus Galliae civitatibus liceret plures Confraternitates (S. Josephi) erigere, cum ad satisfaciendum fidelium devotioni ob locorum distantiam et negotiorum diversitatem una Confraternitas minime sufficeret? Sacra Congregatio respondit: Generatim negative; obveniente autem gravi causa recurratur in casibus particularibus.

Excipiebantur et adhuc excipiuntur ab hac lege Confraternitates SS. Corporis Christi et de Doctrina Christiana, uti jam innuimus, ita ut haud requiratur unius leucae distantia inter duas hujusmodi Confraternitates. Patet hoc ex Indulto diei 7 Maji anno 1748 cuidam Episcopo Hiberniae dato, in quo Indulto datur ei potestas erigendi Confraternitatem Sanctissimi Nominis Jesu, quin servetur lex distantiae. En istud Indultum:

"Die 7 Maji 1748, Sanctissimus in perpetuum concessit omnibus et singulis Archiepiscopis et Episcopis Hiberniae facultatem erigendi in quibusvis civitatibus, terris, locis, suae respectivae Dioecesis ob exercitium catholicarum functionum sibi interdictum, quotquot opportunas duxerint Confraternitates sub invocatione Sanctissimi Nominis Jesu contra detestabilem jurandi ac maledicendi consuetudinem nuncupatas, non obstante Constitutione Clementis VIII diei 7 Decembris 1604 incipien. *Quaecumque* super distantia ab una ad aliam ejusdem Instituti erectionem requisita. Confratribus vero et consororibus earumdem Confraternitatum sic erectarum concessit omnes et singulas Indulgentias Archiconfraternitati Sanctissimi Nominis Dei per Breve 31 Octobris 1606, et novissime ad corrigendos blasphemantes per Breve diei 6 Septembris 1746 concessas, non instar sed distinctive et specifice exprimendas."

Posterioribus vero temporibus nonnullae aliae piae Societates a lege distantiae fuerunt exemptae, nempe:

(*a*) Congregatio B. Mariae Virginis ab Angelo salutatae; quod factum est per Decretum authenticum N. 413.

1864 29 Augusti. Congregatio B.M.V. Prima Primaria.

Societatis Jesu. Per Decretum hujus Sacrae Indulgentiarum Congregationis latum die 8 Januarii 1861 super institutionibus et aggregationibus Confraternitatum seu Congregationum, injungitur ac praescribitur observantia Constitutionis Clementis fel. rec. PP. VIII incipien *Quaecumque* circa modum instituendi et aggregandi Confraternitates omnino adhibendum ab Ordinibus Regularibus et Archiconfraternitatibus. Suborta hinc fuit dubitatio, num infirmari inde censeatur facultas instituendi et aggregandi, qua Congregatio Primaria B.M.V. sub titulo Annuntiationis in Urbe fruitur. Quapropter R. P. Praepositus Generalis S. J. huic Sacre Congregationi sequens proponendum curavit dubium:

Utrum in praefato Decreto 8 Januarii 1861 comprehendantur institutiones et aggregationes fieri solitae a Congregatione B.M.V. ab Angelo salutatae in Collegio Romano erecta, nuncupata *Prima-Primaria,* juxta peculiarem et propriam formulam qua, vi concessionum plurium Summorum Pontificum illius Societatis Moderatores usi sunt et adhuc utuntur?

Sacra Congregatio in generalibus comitiis habitis apud Vaticanum die 29 Augusti 1864, auditis Consultorum votis et re mature perpensa, respondendum duxit:

Non comprehendi.

(*b*) Congregatio Bonae Motris. Congregatio haec in templo domus Professorum Societatis Jesu, vulgo *del Gesù*, in Urbe existens, a Rmo P. Caraffa Praeposito Generali ejusdem Societatis instituta fuit anno 1648. Tunc temporis vespertinis horis diei Veneris cujuslibet hebdomadae magnus fidelium numerus consueverat in dictam ecclesiam convenire, ubi exposito SSmo Sacramento, a duobus patribus Societatis Jesu pii sermones recitabantur de poenis et doloribus, quod Redemptor noster pertulit in sua passione, et ejus Sanctissima Mater, dum staret sub Cruce Domini Filii sui. Piis precibus a fidelibus in communi ad Deum effusis devotissima claudebatur functio, ex qua quidem uberes fructus spirituales in devotum populum redundabant.

Sodalitatibus ejusdem instituti valde deinceps multiplicatis in aliis civitatibus, in locis praesertim, ubi domus et ecclesiae Societatis Jesu reperiebantur, Benedictus XIII, Bulla "Redemptoris Nostri", 1 Octobris 1729, piam Congregationem Romanam in Archiconfraternitatem seu in Primariam vel Centralem Congregationem evexit et indulgentiis ditavit; ac insuper Praepositum Generalem vel Vicarium Generalem laudatae Societatis Jesu supremum dictae Archiconfraterni-tatis Moderatorem constituit, collata interim eidem plena potestate alias similes Congregationes in propriis ecclesiis erigendi, Primariae Romanae aggregandi, et indulgentias Primariae concessas eidem communicandi.

Pius VII per rescriptum Sacre Congregationis Indulgentia-rum diei 6 Februarii 1821[33] praedictos favores confirmavit, et Leo XII, rescripto de die 22 Januarii 1827, praefato Prae-posito Generali tribuit facultatem instituendi hujusmodi Sodalitates etiam in ecclesiis, quae non pertinent ad Societa-tem Jesu, easque *Primariae* aggregandi cum communicatione privilegiorum ac indulgentiarum.

Praeterea Congregationes Bonae Mortis in qualibet ecclesia pro omnibus utriusque sexus fidelibus institui possunt. Ad observantiam legis *distantiae* et *formulae* erectionis et aggre-gationis per Constitutionem Clementis VIII "Quaecumque", non amplius tenentur post Rescripta S. Congregationis Indul-gentiarum d.d. 16 Septembris 1882 et 21 Martii 1885, quibus PP. Leo XIII ab ea observantia dictas Congregationes exemit. Ac insuper Rescripto diei 23 Junii 1885 idem Pontifex sanavit omnes defectus et irregularitates, si quae extiterint sive in erectionibus et aggregationibus Sodalitatum, sive in receptione fidelium.

Praedictae Congregationes Bonae Mortis erigi possunt etiam ab Episcopo, sed ut indulgentiis gaudeant, necesse est, ut *Primariae Romanoc* aggregentur a Praeposito Generali Societatis Jesu.[34]

(*c*) Excipitur a lege distantiae Sodalitas B.M.V. Immacu-

---

[33] Rescrip. Num. 338.
[34] Rescript. 17 Septembris 1887.

latae et S. Agnetis Virginis et Martyris, quae plures in eodem
loco, nulla habita ratione distantiae, erigi et institui possunt,
uti statuit per speciale Decretum Pius PP. IX. En Decretum:

1866 30 Augusti.   De Sodalitatibus Filiarum Mariae erigendis nulla habita ratione distantiae.

Urbis et Orbis. Quantum in populo christiano tum familia-
rum, tum salutis communis intersit, juventutem sequioris sexus
adeo instituere, et praecipue sanctissimae religionis nostrae
subsidiis a tenera adhuc aetate munire, ut pietatis operibus
intenta succrescens, a recto, quem semel suscepit, tramite,
etiam cum senuerit, non recedat, satis experientia et ratione
compertum est. Inter cetera autem, quae huic fini inservire
dignoscuntur, adnumeranda quidem sunt pia illa Sodalitia,
quae praesertim sub titulo B.M.V. canonice instituta et erecta,
toties a Sede Apostolica non commendata, sed spiritualibus
indulgentiarum auxiliis ditata inveniuntur, et quae potissimum
Filiarum Mariae nomine appellantur.

Nuper vero cum in Basilica S. Agnetis extra moenia Urbis
similis pia Sodalitas fuerit canonice erecta sub titulo et
patrocinio *B.M.V. Immaculatae et S. Agnetis Virginis et
Martyris,* et per Litteras Apostolicas datas die 16 Januarii
1866, amplissimis Indulgentiarum muneribus locupletata; et
per aliud Breve datum die 16 Februarii 1866 in Primariam,
seu Archiconfraternitatem fuerit erecta, ita ut eidem jus
competat aggregandi ceteras Sodalitates ejusdem nominis et
instituti ubique locorum erectas, vel erigendas, eisdemque
communicandi omnes et singulas Indulgentias praefatae
Achisodalitati concessas, vel concedendas, servata tamen forma
Constitutionis Clementis VIII incip. *Quaecumque;* nunc tandem SSmus D. N. Pius PP. IX ad humillimas preces
Moderatoris ejusdem Archisodalitatis, cum maxime puellarum
bono expedire judicaverit, plures etiam in eodem loco hujusmodi
Sodalitates institui et erigi; in Audientia habita ab Emi-
nentissimo Cardinali Praefecto die 3 Augusti currentis anni
1866, benigne mandavit, ut quoad praedictas Sodalitates nulla
distantiae ratio habeatur, sed liceat Episcopis, prout opportunum in Domino judicaverint, plures in civitate, vel dioecesi
ejusmodi Sodalitates instituere et erigere; quae sic institutae
et erectae jam dictae Archisodalitati aggregari possint et

valeant, et in communicationem indulgentiarum admitti, ita ut in ipsis ecclesiis, ubi respectivae Sodalitates fuerint erectae, praeter functiones secundum statuta obiri solitas, etiam visitationes peragi possint, quoties eae ad indulgentiarum acquisitionem praescriptae inveniantur, servata in reliquis Constitutione Clementis VIII et ceteris de jure servandis. Praesenti in perpetuum valituro absque ulla Brevis expeditione. Non obstantibus in contrarium facientibus quibuscumque."

٫ (d) Pariter permissum est, ut in una eademque ecclesia plures erigantur Confraternitates seu Sodalitates Tertii Ordinis saecularis S. Francisci pro diversis sodalium nationibus, ita ut unaquaeque suos habeat ad invicem independentes officiales, proprios coetus et proprium Directorem spiritualem; et simul gaudeat Indulgentiis et privilegiis ipsis concessis. Invenitur hoc privilegium in Analectis Ecclesiasticis. [35]

En tenor hujus declarationis S.C. Indulgentiarum:

Beatissime Pater:

Minister Provincialis Ordinis Fratrum Minorum, in Regulari Provincia Immaculatae Conceptionis apud Rempublicam Brasiliensem commorantium, praevio sacrorum pedum osculo, humillime Sanctitati Tuae exponit, apud unam eamdemque ecclesiam Conventui Fratrum Minorum adnexam, et maxime in dioecesi Curytubensi, exstare quatuor Congregationes, vel plures paucioresve, Tertii Ordinis Saecularis Sancti Francisci, propter diversas Sodalium nationes, ita ut unaquaeque habeat suos ad invicem independentes officiales, proprios coetus, sub proprio Directore spirituali. Itaque quaerit:

1. Utrum liceat ejusmodi diversas Congregationes in una eademque ecclesia, sive in iisdem sive in diversis Ecclesiae Cappellis, habere?

2. Utrum sic indulgentias lucrari valeant Confratres, qui ad diversas ejusmodi pertinent Congregationes?

Et Deus, etc.

Sacra Congregatio Indulgentiis Sacrisque Reliquiis praeposita declarat: Nihil obstare, quominus Sodalium Tertii Ordinis Saecularis Sancti Francisci Congregationes constituantur,

---

[35] Analecta Eccles. vol. 1, pag. 131.

prout exponitur, simulque gaudeant Indulgentiis aliisque spiritualibus gratiis et privilegiis ipsis concessis.

His ergo et quibusdam aliis piis Associationibus exceptis, praefata lex distantiae in erectione Confraternitatum ejusdem nominis et instituti ex praecepto observanda est. Verum, ob mutata temporum adjuncta, Apostolica Sedes praedictam distantiae legem nuperrime moderavit, ceu ex iis, quae modo subjicimus, patebit. Quum enim (In una Laudensi) a Sacra Congregatione postulatum fuisset: Utrum concessio Pontificia statuens *Sodalitia Filiarum Mariae* ubique locorum erigi, ac Sodalitati Primariae in Basilica S. Agnetis extra moenia Urbis existenti aggregari posse, *sit extendenda ad alias quoque Confraternitates et Congregationes,* ea praesertim de causa quod hisce nostris temporibus maxime optandum sit, ut ubique locorum Confraternitatum ac Congregationum multiplicetur erectio, quam etiam Apostolica Sedes iterum atque iterum commendavit?

S. Congregatio respondit: *Negative,* et consulendum SSmo *ut dignetur extendere praefatam concessionem* pro Confra-ternitatibus erigendis in locis distinctis, id est in distinctis dioecesibus vel communitatibus. [36]

In Audientia vero diei Januarii 1893 Summus Pontifex Leo XIII *petitam gratiam benigne concessit.* [37]

In allato responso duo continentur: 1° Quod ex praxi existente (ut expresse dicitur in eodem Decreto ad 2-um) in erigendis Confraternitatibus et in iis aggregandis, distantia unius leucae generatim est servanda. 2° Quod in locis *distinctis,* ut sunt dioeceses, civitates, pagi, oppida seu *communitates,* conceditur ut Confraternitates erigi possint, *quamvis una leuca inter se non distent.*

Quaenam praecise haberi debeant pro *locis distinctis* seu *distinctis communitatibus* extat declaratum a laudata S. Congregatione Indulgentiarum in responsione ad dubium:

An *distincta communitas,* quam Decretum Sacre Congregationis Indulgentiarum in una Laudensi diei 31 Januarii 1893 pro erectione Confraternitatum ejusdem nominis et instituti requirit, constituatur etiam a quolibet ejusdem municipii

---

[36] Mocchegiani, op. cit. num. 1728 sqq. 9.
[37] Apud Nouv. Rev. Théol. tom. XXV, pag. 260.

oppido, situ et nomine ab aliis distincto, adeo ut in uno eodemque municipio plures ejusdem nominis et instituti Confraternitates erigi possint?

S. Congregatio respondit: *Affirmative, dummodo in unoquoque oppido habeatur etiam propria paroecia.* [38]

Sed quid dicendum de magnis civitatibus? Possuntne ibi plures Confraternitates ejusdem nominis et instituti erigi? Dubium hoc propositum fuit solvendum praefatae S. Congregationi Indulgenitarum hisce verbis: *An in magnis civitatibus, quae unam tantum constituunt Communitatem, plures nihilominus erigi possint ejusdem nominis et instituti Confraternitates?*

Et Sacra Congregatio respondit: *Negative, sed supplicandum SSmo, ut derogando in hac parte Constitutioni sa. me. Clementis VIII, quae incipit Quaecumque, Ordinariis benigne tribuere dignetur facultatem providendi pro eorum arbitrio et prudentia in singulis casibus, servata tamen in hujusmodi erectionibus convenienti, eorum judicio, distantia.*

Summus Pontifex Leo XIII postulatam facultatem, derogando Constitutioni *Quaecumque,* benigne Ordinariis concedere dignatus est. [39]

Hodie itaque in locis *distinctis* id est in distinctis civitatibus, oppidis, pagis etc. in quibus respective habetur paroecia propria ac distincta, erigi possunt Confraternitates ejusdem moninis et instituti, *etsi una leuca non distent ab invicem,* et quoad magnas civitates, data est respective Ordinariis facultas, pro eorum arbitrio et prudentia in singulis civitatibus, oppidis, pagis, etc., plures quoque ex dictis Confraternitatibus erigendi, servata in hujusmodi erectionibus convenienti, *secundum eorum judicium distantia.*

II.—Confraternitates erigi debent de consensu Episcopi, (nam Vicarius Capitularis debet se ab iis erigendis, uti jam vidimus, abstinere, et Vicarius Generalis non potest eas erigere, nisi ut delegatus ab Episcopo, qui habuerit privilegium delegandi), etiamsi erigantur a Regularibus et in ipsorum eorum ecclesiis (nisi Regulares habeant quoad hoc peculiare Apostolisum privilegium).[40] Imo requiruntur ad hoc litterae

---

[38] Decret. 20 Maji 1896 ad III-um.
[39] Decretum 20 Maji 1896 ad IV.
[40] Lucidi, De Visitatione sacr. lim. II. c. 7 n. 130.

testimoniales Episcopi, postquam ipse reviderit et approbaverit statuta. Sufficiunt tamen Ordinarii litterae, quibus consensum in erectionem vel aggregationem significet, et instituti pietatem ac religionem commendet; nec sunt necessarii duo actus distincti, unus quo detur consensus, et praeterea litterae testimoniales.[41]

Consensus tamen iste Episcopi et litterae testimoniales debent dari in scriptis, nec sufficit auctorizatio verbalis,[42] imo praecedere debent actum erectionis vel aggregationis, darique debent in documento distincto a diplomate erectionis vel aggregationis.[43]

Diximus superius, quod hic Ordinarii consensus requiritur etiam in erectione Confraternitatum, quas Regulares in propriis suis ecclesiis erigunt; sed hoc intelligendum est tantum quando agitur de Confraternitatibus proprie dictis id est ad modum organici corporis et *cum sacco* constitutis. Nam si ageretur de Confraternitatibus late acceptis, satis provisum est per consensum ab Ordinario praestitum pro erectione Conventus Ordinis in Dioecesi.[44]

III.—Statuta Confraternitatis approbari debent ab Ordinario loci, qui eadem corrigere potest; et hoc etiamsi erectio a Generali Ordinis religiosi facta fuerit, aut statuta Archiconfraternitatis adoptata fuerint, uti postea videbimus in capite "De statutis Confraternitatum."

IV.—Litterae erectionis et aggregationis gratis omino ac nulla prorsus mercede, etiam a sponte dantibus, sub praetextu quoque merae eleemosynae accepta expediri et concedi debent.

—Quae quidem norma, uti postea videbimus, aliquantulum mutata est.

V.—In eleemosynis et piis subsidiis excipiendis Confraternitates stare debent Episcopi praescriptionibus; easdemque eleemosynas in utilitatem ecclesiae vel alios pios usus erogare debent juxta ipsius Ordinarii beneplacitum.

VII.—Rector sive Praeses, qui ad Confraternitatem rite con-

---

[41] S. Congregatio Indulg. 5 Martii et 20 Maji 1896.

[42] S. Congreg. Indulg. die 20 Maji 1896 ad IV.; Nov. Codex Jur. Can. 686, par. 3.

[43] Monitore, vol. VIII, p. pag. 32.

[44] Sacra Congregatio Indulg. die 25 Augusti 1897 ad. 11—um.; Monitore, vol. X, p. 1, pag. 220, 221.

stituendam requirtur, debet esse Sacerdos ab Episcopo deputatus ad receptionem et regimen Sodalium juxta statuta Confraternitatis. Quod officium Rectoris nequaquam ipso jure et sine speciali designatione ad parochum spectat, in cujus ecclesia erigitur Confraternitas, nisi parochus sit unicus Sacerdos illius ecclesiae ideoque tacite censeatur designatus. Quando Confraternitas erigitur magis ad instar collegii et corporis organici, quae suos habeat officiales et administratores, tunc in eorum electione et deputatione standum est decretis generalibus et statutis particularibus Confrateritatis, salvo semper jure Episcopi approbandi officiales electos, vel eos etiam justa et gravi de causa removendi.

Formula consueta, qua Episcopi uti solent in erectione alicujus Confraternitatis, haec est:

"N. Episcopus N.—In nomine Illius qui charitas est. Cum nuper Nobis innotuerit, nonnullos eximiae probitatis viros hujus loci N., pie velle vivere operibusque charitatis operam dare, gratias de hoc Deo agentes, desiderantesque quod haec pia opera perpetu frequententur, confratrum propositum vere pium landantes, eorum petitioni libenti animo inclinati, ex certa nostra scientia, sub titulo charitatis praedictam institutionem et societatem cum usu saccorum . . . coloris . . . auctoritate nostra ordinaria approbamus, et in dicta ecclesia sine praejudicio jurium ecclesiae parochialis, perpetuo erigimus et instituimus; cum facultate statuta et ordinationes pro felici distorum piorum operum a nobis tamen et nostris successoribus approbanda, concedendi; eleemosynas et charitatis subsidia, in praefatos usus convertendi, in civitate quaerendi, colligendi et administrandi; et Nobis et nostris successoribus de illis ac aliis rationem reddendi (remotis tamen ab ecclesiis capsulis et pelvibus); congregationes convocandi; resolutiones capiendi, officiales a Nobis et nostris successoribus confirmandos, eligendi; sepulturas, pro fratribus tantum qui sibi ipsis elegerint, justis de causis animum nostrum moventibus, construendi, salvis juribus parochi et quartae sibi debitae. Et ita erigimus et approbamus, omni, etc.

'Datum..N...Episcopus N.N.

Cancellarius Episcopalis N...."

Art III.—*De jure ex privilegio Superiorum Generalium Ordinum Regularium erigendi Confraternitates."*

Ad erectionem Confraternitatis ecclesiasticae necessaria est omnino auctoritas superioris ecclesiastici, vel vera vel saltem praesumpta.[45]   Superior vero ecclesiasticus non est semper Episcopus; potest enim esse etiam superior regularis, si agatur de Sodalitatibus erigendis in propriis, vel alienis ecclesiis, quae nimirum ex peculiari Apostolico privilegio erigendi jus habent.

Non omnes Ordines religiosi ornati sunt hoc privilegio, sed solummodo aliqui insigniores, necnon aliquae Congregationes Saeculares antiquae ac benemeritae.   Diversae causae originem huic privilegio dederunt.   Aliquando motivum fuit hoc, quod Confraternitas eumdem proposuit sibi finem ac Ordo religiosus correspondens. . . .   Ita, ex eo quod Rosarium ab ipsa Deipare Virgine Maria porrectum fuit Sancto Dominico, et per illum tamquam praetiosa haereditas transmissum suo Ordini, Romani Pontifices, benevolo animo moti, voluerunt ut quidquid respicit SSmi Rosarii Confraternitatem reservatum fuisset exclusive Magistro Generali Fratrum Praedicatorum.[46]

Idem dicendum est de Sodalitate Tertii Ordinis S. Francisci, de Confraternitate B. M. Virginis de Monte Carmelo, et de Confraternitate SSmae Trinitatis.

Aliquando vero ratio privilegii haec fuit, quod Confraternitas pro prima vice erecta fuit in ecclesia alicujus domus religiosae. Semper tamen, quando ascendimus ad originem erectionium talium Confraternitatum, invenimus aliquam particularem concessionem Romani Pontificis, qui tale dedit privilegium.   Hanc propter rationem jus hoc Regularium erigendi Confrateritates appellatur *delegatum* a C. J. Ferrari [47] et a Bouix.[48]   Ex eo tamen, quod hoc jus permanenti modo concessum sit, Sacra Congregatio in uno suo decreto diei 16 Julii 1887 non dubitavit jus hoc vocare *ordinarium.*   En ipsissima Sacre Congregationis verba: "Piae quaedam Sodalitates sicuti a Regularibus Ordinibus suam repetunt existentiam, ita earumdem erectio jure

---

[45] Rota in Pistoriensi, 13 Jan. 1738 coram Vais.
[46] P. Rousset, Manuel du très saint Rosaire, p. 132.
[47] C. J. Ferrari, *Summa instit.* can. t. 1. pag. 245.
[48] Bouix, *de Episcopo*, tom. II, part. 5, cap. XXXI, paragr. 1, quaest. II-a.

quodam proprio eisdem Ordinibus competit. Inter has sunt recensendae Sodalitates SSmae Trinitatis, B. M. Virginis de Monte Carmelo, necnon a Septem Doloribus quae a respectivis Ordinibus sunt institutae *ac proinde ab ipsis jure ordinario eriguntur.*"

Confraternitates, quarum erectio reservata est exclusive Ordinibus Regularibus, praecipuae sunt sequentes: Confraternitas SSmi Rosarii, Scapularis B. M. Virginis de. Monte Carmelo, SSmae Trinitatis et Confraternitas Chordigerorum. De singulis singillatim pauca dicam.

(*a*) Confraternitates SSmi Rosarii erigere possunt et instituere solum Ordinis Fratrum Praedicatorum Magistri, vel Vicarii Generales, et per eos deputati patres ejusdem Ordinis etiam in saecularibus ecclesiis, ut constat ex variorum Pontificum Constitionibus, et signanter ex Constitutione Sixti V. incip. *Dum ineffabilia,* ubi ipse Pontifex confirmat, et innovat indulgentias et privilegia a Praedecessoribus suis Confraternitatibus SSmi Rossarii concessa. Et Innocentius XI in Constitutione incip. *Exponi Nobis,* confirmavit et validavit omnes, et singulas Confraternitates sub titulo Sanctissimi Rosarii in quibusvis locis positas, et existentes, licet de earum canonica ab initio erectione, et institutione non appareat; et eas in tam valido statu esse, et fore decrevit, ac si illae canonice erectae et institutae fuissent: servata tamen caeteroquin Constitutionum et Decretorum Sanctae Sedis forma, et dispositione circa talium Confraternitatum erectionem, et institutionem. Hic attendendum est sequens Sacre Congregationis Decretum:

1747 25 Augusti. Confraternitas SS. Rosarii.

Cum experientia compertum sit, nonnullas SS. Rosarii Confraternitates auctoritate dumtaxat Ordinaria, irrequisito Magistro Generali FF. Ordinis Praedicatorum erigi, ac pro illis Apostolicum Breve cum indulgentiis cuicumque Confraternitati canonice erectae sive erigendae generaliter concedi consuetis expedire, nonnulli extra Urbem, ac praecipuae quidam ecclesiastici viri et sanguinis nobilitate et · morum probitate insignes ex dioecesi Constantiensi, recte dubitarunt, num hujusmodi Confrateritates canonicae reputari valent, ac revera subsistant? Quare eorum nomine duo subinserta dubia a Sacra Congregatione Indulgentiis Sacrisque Reliquiis praeposita decidenda fuerunt exhibita:

1-um: An, si inscio P. Generali Ordinis Praedicatorum, per Ordinarium erigatur Confraternitas SS. Rosarii, confratres reipsa fruantur indulgentiis in Brevi Apostolico per eosdem obtento concessis?

Et quatenus affirmative,

2-um: An fruantur etiam aliis indulgentiis in dicto Brevi Apostolico obtento non expressis, quas tamen aliis confratribus a diversis Summis Pontificibus concessas esse constat, ut in dominicis menstruis, aut aliis diebus?

Quibus autem dubiis Sacra Congregatio die 19 Augusti 1747, rationum momentis serio matureque perpensis, respondendum esse censuit: Negative.

(*b*) Quoad Confraternitates Scapularis B. M. Virginis de Monte Carmelo, soli Superiores Generales Ordinis Carmelitici tam calceati quam excalceati possunt in ecclesiis proprii Ordinis et in quibuscumque aliis, accedente Ordinariorum consensu, laudatas Confraternitates canonice erigere et instituere.[49]

Superiores tamen Generales Ordinis Carmelitici possunt concedere facultatem Sacerdotibus saecularibus vel regularibus non Carmelitis recipiendi fideles in Confraternitatem B. M. V. de Monte Carmelo, *etiam iis* in locis, in quibus adsunt conventus Carmelitarum, *sive aliqua Confraternitas ejusdem B. M. V. de Monte Carmelo jam canonice erecta.*[50]

(*c*) Jus erigendi Confraternitates SSmae Trinitatis spectat ad Superiores Generales Trinitarios, tam calceatos quam excalceatos, ad quod proinde est recurrendum pro earumdem erectione et pro obtinenda facultate benedicendi et imponendi relativum scapulare. Quod privilegium obtinuerunt Trinitarii a Paulo PP. V.[51]

(d) Quod spectat denique Chordigerorum Confraternitatem, haec adnotanda sunt: Summus Pontifex Sixtus V, Constitutione, quae incipit: *Ex supremae dispositionis,* de dato 19 Novembris 1585 motu proprio et certa scientia erexit et instituit in ecclesia C. Francisci civitatis Assisii, ubi corpus Seraphici Patriarchae quiescit, Archconfraternitatem Chordi-

---

[49] Decret. auth. n. 208.
[50] Decret. auth. n. 329.
[51] Decret. auth. n. 213.

gerorum, *fidelium* nempe *utriusque sexus, qui chordam per ejusdem Ordinis* (Minorum) *Fratres geri solitam ex illorum devotione deferant, ac illa cingantur sub invocatione ejusdem S. Francisci.* Sciebat enim Pontifex, Seraphicum Patrem tanta praestitisse sanctitate, tot tantisque claruisse signis et miraculis, *ut pene omnes ad sui devotionem et imitationem pertraxerit, multique ex ipsis Christifidelibus chordam similem ei, qua ipse dum in hoc saeculo versaretur cinctus erat, hodie deferant.*[52]

Vigore memoratae Constitutionis jus erigendi ubique in ecclesiis Franciscalibus Confraternitatem Chordigerorum est penes Ordinem Minorum Conventualium, *privative quoad omnes, ubi ipsi existunt.* In locis vero, ubi non sunt Fratres Conventuales, tales Confraternitates erigere possunt Minores de Observantia in suis ecclesiis, ex concessione ipsius Sixti V Constitutione, incipien *Nuper Archiconfraternitati,* et Clemetis X Constitut. incipien. *Dudum felicis.*

In erectione quae fit auctoritate Superioris Generalis alicujus Ordinis, salvo peculiari privilegio, observandae sunt, sub poena nullitatis, regulae praescriptae in Constituione *Quaecumque* 7 Decembris 1704, Clementis VIII, quatenus instauratae decreto *Urbis* et *Orbis,* Pii PP. IX, 8 Januarii 1861. Regulae praecipuae sunt sequentes:

1. Litterae erectionis ejus debent esse formae, quae substantialiter congruat formulae praescriptae a Clemente VIII. Et, nisi in ipsis litteris contineantur, simul saltem cum ipsis dari debent praecipua capita Constitutionis *Quaecumque.*

2. Una tantum Confraternitas ejusdem generis et instituti erigi potest in uno eodemque loco, ea qua modo diximus ratione.

3. Prius obtinendus est scriptus consensus Episcopi, vel Vicarii Generalis, rite, ut supra, delegati. A quo dando consensu abstinere se debet, uti jam notavimus, Vicarius Capitularis. Litterae quibus assensus significatur commendare debent pietatem ac religionem Instituti.[53]

Attamen si agatur de Confraternitatibus a Superioribus religiosis in propriis suis ecclesiis erigendis, Ordinarii consensus tunc solus est necessarius, quando agitur de Confraternitatibus

---

[52] Cit. Constitutio apud Wadding, tom. XXII, pag. 354.
[53] S. C. Indulg. sub die 5 Martii et 20 Maji 1895.

proprie dictis cum usu saccorum. Si enim de Confraternitatibus agatur quas diximus late acceptas, sufficit, in propriis Religiosorum ecclesiis, consensus praestitus ab Ordinario pro erectione Conventus Ordinis in dioecesi.

4. Nullae aliae possunt ab erigente communicari Confraternitati indulgentiae, praeter eas, quae in hunc finem fuerint concessae. Requiritur autem specifica et individua mentio singulorum.

5. Statuta, si quae sint condita (non sunt necessaria), probari debent ab Episcopo, qui eadem corrigere potest.

6. Gratiae et indulgentiate Confraternitati communicatae debent prius ab Episcopo cognosci quam promulgentur.

7. Confraternitates eleemosynas excipere et erogare debent juxta formam per Ordinarium praescribendam.

8. Litterae erectionis et aggregationis gratis omnino sunt dandae, si demas expensas pro pergamena, scriptura, etc., pro quibus non licet accipere ultra 30 libellas.

9. Praeter nullitatem statuitur eo ipso contra aliter erigentes privatio officii (in ordine ad erectionem et aggregationem).

Facta erectione a Capite Ordinis, Confraternitas canonice existit ut corpus morale, instructum etiam gratiis et indulgentiis.

Formula servanda saltem in substantialibus[54] *a Superioribus Regularibus Religionum, etc., in erigendis seu instituendis* Confraternitatibus ac communicandis Indulgentiis *et gratiis spiritualibus quas a Sede Apostolica obtinuerant sequens est:*

"N. N. Ordinis N. Generalis.[55] Religio nostra cum inter alia privilegia quibus a Sede Apostolica decorata est facultatem habeat saecularium Confraternitates sub invocatione N. erigendi, eisque spirituales gratias, privilgia et Indulgentias communicandi, in hujusmodi Confraternitatibus instituendis, si ad Christifidelium salutem promovendam expediri animadvertit, liberalem se praebere consuevit. Nos igitur, qui generalem totius Ordinis nostri curam gerimus, sperantes fore

---

[54] Dicitur *in substantialibus*, quatenus non sit vetitum addere vel immutare aliqua in eadem, quae substantiam non afficiunt. Integrum etiam erit unicuique Ordini, Religioni, Instituto sive originem sive naturam sive praestantiam proprii Ordinis indicare et alia quae in hujusmodi Litteris solent exponi."

[55] Hic exprimitur persona vel qui auctoritate pollet juxta facultates et privilegia uniuscujusque Ordinis, etc.

ut ex hac spiritualium participatione gratiarum Christifideles ad devotionem et pietatem magis excitentur, auctoritate Nobis a Summis Pontificibus concessa Confraternitatem N. in ecclesia N. loci N. Diocesis N. de consensu loci Ordinarii qui ejusdem Confraternitatis institutum, pietatem ac religionem Litteris patentibus nobis nuper exhibitis commendavit, dummodo huic alia similis in ipso loco vel in alio ad tria milliaria propinquo loco hactenus erecta non fuerit, per praesentes nostras Litteras erigimus et instituimus, illisque et pro tempore existentibus utriusque sexus Confratribus elargimur et communicamus Indulgentias, privilegia et speciales gratias singillatim descriptas in Elencho, quem rite per Ordinarium loci recognitum una cum his Litteris tradimus diligenter asservandum[56] Quibus omnibus Indulgentiis et spiritualibus gratiis descriptis Confraternitatem ipsam nunc erectam ejusquae confratres potiri et gaudere posse decernimus juxta ea quae fel. me. Clemens Papa VIII in Constitutione quae incipit: *Quaecumque* data sub die 7 Decembris 1604 praescripsit, et variationes a Sanctissimo D. N. Pio Papa IX approbatas, ut in decreto Sacrae Congregationis Indulgentiarum diei 8 Januarii 1861, et cujus Constitutionis praecipua Capita" cum dictis variationibus subnectuntur[57] scilicet:

1. Quod unica tantum Confraternitas ejusdem Instituti et generis instituti et aggregari possit in Ecclesia tam Saecularium quam Regularium.

2. Quod id fiat de consensu Ordinarii et cum Litteris Testimonialibus ejusdem.

3. Quod Confraternitati institutae vel aggregatae expresse et in specie communicentur Privilegia et Indulgentiae Ordini Instituenti et aggreganti nominatim concessa, non vero ea quibus per privilegium communicationis fruuntur.

---

[56] Potest etiam inseri si lubet, Elenchus, in utroque tamen casu elenchus, jam ab Ordinario loci recognitus, continere debet distincte et expresse non sub generalibus verbis Indulgentias, gratias, etc. quibus Societas aggregans fruitur directe, non quibus per communicationem et extensionem gaudet. Ad tollendam tamen omnem dubitationem dum per *Ordinarium loci dicitur* recognosci debet Elenchus. intelligitur ut si semel ab Ordinario loci ubi autoritas praeceptiva Ordiñis, Institut. Religionis etc. quae habet facultatem erigendi, etc., moratur, recognitus fuerit Elenchus, non indiget nova recognitione, et tradi possit Societati erigendae, etc., etiam alibi cum necessarium sit, ut semper idem sit Elenchus, salvis additionibus quae ex novis concessionibus pariter recognoscendis fieri contingat.

[57] Si lubet inseri etiam potest integra Constitutio, addendo in fine variationes a SS. D. N. approbatas. . Caeterum vel integra Constitutio vel saltem indicatio eorum capitum quae substantiam continent cum variationibus praedictis omnino inserenda est."

4. Quod statuta Confraternitatis examinentur et approbentur ab Ordinario loci et ab eodem corrigi possunt.

5. Quod gratiae et indulgentiae Confraternitati communicatae praevia cognitione Ordinarii dumtaxat promulgentur.

6. Quod Confraternitas eleemosynas excipiat et eroget juxta formam per Ordinarium praescribendam.

7. Quod litterae erectionis et aggregationis nonnisi gratis omnino ac nulla prorsus mercede etiam a sponte dantibus sub praetextu merae eleemosynae accepta, expediri et concedi, et solummodo titulo expensarum pro pergamena, scriptura, vel impressionis stipendio, sigillorum expensis, chordulis, cera, Secretarii Notariique labore vel mercede aliisque omnibus eam quantitatem quae non excedat summam scutatorum sex monetae romanae in Italia, et extra Italiam non excedat summam vulgo *francs* triginta pro singula institutione vel aggregatione vel confirmatione recipere liceat.

8. Quod singula hic mandata et expressa in omnibus suis partibus fideliter observentur, secus institutiones vel aggregationes et communicationes Privilegiorum et Indulgentiarum nullius sint roboris et momenti, et quilibet Superiorum atque Officialium privationem Officiorum quae obtinent, atque inhabilitatis ad illa et alia in posterum obtinenda poenam eo ipso incurrant, quae ab alio quam a Romano Pontifice remitti non possit.

In quorum testimonium has Litteras fieri et per Nostrum Secretarium subscribi et publicari mandavimus sigilloque officii nostri muniri.

Datum, etc. ”

CAPUT IV

(*a*) De Rectoris designatione; (*b*) De receptione Sodalium; (*c*) De formalitatibus in receptione Sodalium servandis (*d*) De perpetuitate admissionis; (*e*) De juribus et obligationibus Sodalium; (*f*) De expulsione Sodalium e coeno Sodalitatis.

Art. I: *De Rectoris designatione.*

1. Quaelibet Confraternitas suum Praesidem habere debet, qui vel Director vel Rector aut Moderator vel etiam Cappellanus nuncupari solet,[58] cui potestas est ea gerendi quae ad Rectores spectant, et etiam, *quatenus in respectiva Sodalitate id Rectori tribuatur,* fideles adscribendi, habitus benedicendi et scapularia, illaque imponendi, coronas, etc., pariter benedicendi juxta facultates ad quamlibet Sodalitatem spectantes pro similibus impositionibus, benedictionibus, etc. Patet hoc ex decreto authentico 389, quod quum sit in genere suo unicum, bonum videtur illud hic integrum referre, quod sic se habet:

1861, 8 Januarii. De Sodalitatum Rectoribus.

Urbis et Orbis. Cum plures Confraternitates, Sodalitates, piae Uniones, etc. Christifidelium canonice erectae reperiantur, in quibus loci Ordinarius designaverit parochum, qui ratione muneris, quod exercet pro tempore, quo munere fungitur, sit constitutus Confraternitatis, etc. Rector, moderator, seu quocumque titulo appelletur, proinde facultate polleat ea gerendi, quae ad Rectores spectant, et etiam, quatenus in respectiva Sodalitate id rectori tribuantur, fideles adscribendi, habitus benedicendi et scapularia, illaque imponendi, coronas, etc., pariter benedicendi juxta facultates ad quamlibet Sodalitatem spectantes pro similibus impositionibus, etc., atque dubium exortum sit circa hujusmodi designationem parochi libere D. N. Pio PP. IX in Audientia diei 8 Januarii 1861, et Sanctitas derogando omnibus hucusque hanc designationem quavis auctoritate et quovis modo aliter praescriptis, benigne sanavit, quatenus opus sit, tales designationes parochorum, necnon acta per ipsos tamquam rectores, et adscriptos per

---

[58] Rescrip. authen. n. 389.

eosdem parochos, quatenus rectoris munus, quo funguntur in respectiva Sodalitate, fideles adscribendi sint, valide adscriptos habendos esse declaravit, necnon benedictiones coronarum, habitum, scapularium eorumque impositiones, etc., ab eisdem factas, prout rectoribus in respectiva Sodalitate tribuitur, ratas habendas esse concessit. Quoad futurum vero Eadem Sanctitas Sua benigne impertiri dignata est, ut Ordinarii locorum libere designare possint, si ita in Domino judicaverint, parochos pro tempore in rectores, moderatores, etc., Confraternitatum.

Datum Romae die 8 1861

2. Episcopus potest designare, *generatim loquendo,* Directorem *uniuscujusque Confraternitatis* suae diocesis, sive jam existentis, sive ab ipso speciali Apostolica facultate erectae. Patet hoc ex decreto dato die 18 Novembris anno 1842, ad 3—um. Interrogationi enim : An Episcopus designare possit directorem uniuscujusque Confraternitatis suae dioesesis? Sacra Congregation respondit : Affirmative.

Dixi superius, quod Episcopus potest designare Directorem uniuscujusque Confraternitatis suae dioecesis *generatim loquendo,* quia relate ad Confraternitatem SSmi Rosarii, Directores nominantur a P. Magistro Generali Ordinis Praedicatorum vi specialis privilegi a S. Sede concessi, uti asseritur in opere, cui titulus : *Acta S. Sedis pro Societate SSmi Rosarii,* vol. 1. pag. 26, ubi legitur : Regulariter Director Confraternitatis est ille, qui a Magistro Generali Ordinis Praedicatorem in diplomate erectionis Confraternitatis designatur.[59] In praxi autem Magister Generalis fere semper in suis Litteris Patentibus pro erectione Confraternitatis, Directoris officium concedit *Rectori Ecclesiae,* in qua erigitur Confraternitas, sive ejusmodi Rector sit parochus, sive Superior Regularis alicujus Conventus sive Sacerdos quilibet in dignitate ecclesiastica constitutus.

3. Memorandum est tamen, quod parochus ecclesiae sive loci ubi fit erectio, non est eo ipso Confraternitatis Director, nisi quatenus sit ab Episcopo erigente ad id nominatus. Neque Episcopus declarare potest rectoris munus ab ecclesiae pastore, quae Sodalitate donatur, in perpetuum fore obeundum. Clare

---

[59] C. Congreg. Episc. et Reg. 1. Octobris 1655.

nos de hisce persuadet decretum authenticum n. 304. Unus tantum excipitur casus, nempe, quod in illa ecclesia seu paroecia nullus alius esset, qui possit destinari, et tunc eo ipso quod Episcopus ibi erigit Sodalitatem, tacite videtur rectorem designare ecclesiae pastorem, non jure suo utendo, sed Sodalitatis necessitate rectorem exigentis.

Insuper declaratum est, Ordinarium delegare posse qua rectores Confraternitatum non solum Parochos, sed etiam Eleemosynarios, Capellanos Communitatum vel locorum Piorum quoad Confraternitates in ecclesiis ipsis concreditis independenter a Parocho, vel etiam Vicarios Parochorum.

4. Quia contingere facile potest, ut Rector Confraternitatis (cui, uti vidimus, non competit sine speciali indulto *facultas subdelegandi*) prohibeatur, quominus Rectoris munia exequi per se possit, praestat expresse postulare ab Episcopo, vel a Generali Ordinis aut ab Archiconfraternitate, *respective*, una cum diplomate erectionis vel aggregationis, *etiam facultatem pro Rectore subdelegandi alium sacerdotem* ad praedicta munia loco Rectoris exercenda.[60]

Praefata facultas subdelegandi alium Sacerdotem ad explenda numia Directoris concessa est generatim omnibus Directoribus Congregationis B. Mariae Virginis et Bonae Mortis, quae legitime aggregatae fuerint Primariis Congregationibus Romanis ejusdem nominis et instituti. En verba concessionis: . . . Ut ex rationali causa alium sibi Sacerdos. . . . substituere possit ad recipiendos fideles, qui adscribi desiderant, ad benedicenda numismata, et alia praesidum munia exercenda.[61]

Art. II.—De Receptione Sodalium

1. Confraternitate jam canonice erecta indulgentiisque ditata, ut fideles de iis coelestibus favoribus participare possint, necesse est ut ipsam Confraternitatem seu Congregationem ingrediantur. Praefatae enim indulgentiae, ut ex pluribus S. Sedis decisionibus constat, lucrifieri non possunt, nisi ab eis fidelibus, *qui legitime adscripti fuerint in confraternitatem.* Patet hoc praeprimis ex decreto authentico n. 298

---

[60] Decretum 3 Decembris 1892, apud Nouv. Theol. tom. XXV, pag. 139.
[61] Cf. Decretum ex die 5 Februarii 1748 ad prooemium et ad 3—um.

ad 2—um: "Dummodo Sodalitates sint cononice erectae, et sodales adimpleant opera injuncta a Summis Pontificibus pro lucrandis indulgentiis suae respectivae Confraternitati ad-nexis, ipsiusque sodales *legitime adscripti fuerint* in Confra-ternitatem, inobservantia partialis seu etiam generalis non obest acquisitioni indulgentiarum." . . .

2. Receptio in aliquam Confraternitatem ecclesiasticam habet quamdam analogiam cum professione religosa, quia praesefert similitudinem alicujus contractus quem facere intendit qui Confraternitati sese adscribere desiderat. Uti ergo in recipiendo ad professionem aliquem, Ordo vel Religio debet per legitimum praesentari Superiorem, qui receptionem excipiat, ita pariter pro receptione novi Sodalis in Confra-ternitatem requiritur legitimus Superior. Ac tandem sicut in jure communi non paucae determinatae sunt formalitates, quae necessario servari debent in religiosa professione excipienda, eodem modo praescriptae sunt nonnullae formalitates, quae necessario servari debent in adscriptione fidelium in Confra-ternitatem. Necesse est hic ergo determinare: (*a*) ad quem spectet novos Sodales in Confraternitatem recipere; (*d*) quae-nam formalitates sint in receptione Sodalium servandae, de quibus in articulo III separatim disseram; (*b*) quinam in Confraternitatem recipi possint; (*c*) quinam recipi non possint.

(a) Ad quem spectet novos Sodales in Confraternitatem
recipere.

1. Omnes Confraternitates canonice erectae suum habent Directorem, cujus designatio, uti jam vidimus, spectat ad Epi-scopum vel ad Superiorem Regularem, si agatur de ecclesiis religiosis. Pariter omnes associationes ab ecclesiastica auctori-tate approbatae subsunt semper alicui directioni, cujus formae ac praerogativae diversae sunt juxta diversa associationum statuta. Quidquid sit, ad Directorem certo spectat nomine Confraternitatis agere. Ergo ad illum etiam pertinet jus recipiendi in Sodalitatem eos qui sese adscribere desiderant quique adscribi non impediuntur. Hoc jus inseparabile videtur ad ipso titulo Directoris.[62]

In nonnullis magnis Confraternitatibus Director suum etiam

---

[62] Canoniste contemporaine, vol. 13, pag. 406.

habet Concilium, ex duobus vel ex tribus senioribus Confraternitatis membris compositum, cujus officium est Directorem in administratione ejusdem Sodalitatis adjuvare. Hoc tamen Concilium nullo modo Directoris auctoritatem minuit, et ad ipsum solum semper spectat jus recipiendi novos Sodales, uti jam vidimus in allato Decreto auth. 312. ad 2.

Animadvertendum est tamen, quod haec auctoritas Directoris non est tam essentialiter personalis quod non possit delegari. Certum est, quod Director ex propria sua auctoritate non potest sese substituere, sed notandum est, quod saepe hoc potest ex auctorizatione, quae faciliter pro casibus particularibus obtineri potest. Imo nonnullis in Confraternitatibus Director facultatem delegandi possidet modo generali sive ex delegatione ab Ordinario recepta simul cum Decreto erectionis, aut tandem ex expressa Sanctae Sedis concessione.[63]

Semper tamen verum remanet, quod valide in Confraternitates novos Sodales recipere potest solummodo Rector legitime deputatus, vel Sacerdos, cuit Episcopus (vel respectivi Ordinis Superiores in propriis ecclesiis) commisit una simul cum immediata Confraternitatis directione legitimas facultates officio Directoris inherentes.[64]

Adscriptio ergo facta a non habente auctoritatem, censenda est nulla. Ita declaravit Sacra Congregatio Indulgentiarum die 22 Augusti anno 1842, Decreto authentico n. 306, ad 3—um. Quum vero dubium 3, non potest sejunctim a duobus antecedentibus concipi, ita integrum hoc breve Decretum referre necesse est, quod ita se habet:

1842 22 Augusti.   De Rectore Sodalitatis.

Auxien. Archiepiscopus Auxiensis Sacrae Congregationi dubia ut infra solvenda proponit:

1.° Utrum parochus seu Moderator Confraternitatis cujuscumque, sive legitime impeditus, sive non, possit licite et valide sibi vicarium, vel alium prebyterum quemcumque approbatum subrogare ad recipiendum fideles Confraternitati adscribendos?

2° Utrum vicarius, vel alius presbyter ita subrogatus pro una vice, vel ad tempus, possint habitus confratum, vel consororum, necnon coronas deprecatorias, seu rosaria benedicere

---

[63] Decretum auth. n. 304, ad 3.
[64] Mocchegiani. op. cit. n. 1770.

cum applicatione indulgentiarum, non secus, ac ipsemet parochus vel Moderator Confraternitatis?

3° Utrum haec omnia absque ullo fidelium Confraternitati
adscribendorum, seu adscriptorum detrimento fieri possint?

Sacra Congregatio die 22 Augusti 1842 respondit:

Ad 1—um: Negative, nisi ei facta fuerit in concessione facultas subdelegandi vicarium vel alium presbyterum.

Ad 2—um: Provisum in primo.

Ad 3—um: Negative, deficiente in sacerdote adscribente, seu
benedicente legitima auctoritate.

2. Ex hisce videtur, quod si admissio in Confraternitatem
perficitur aliqua benedictione, uti scapularis, et cinguli, tunc
necessario in persona Directoris requiritur dignitas sacerdotalis, cum diaconus, et a fortiori laicus talia agere non possit.

Si vero agatur de piis Congregationibus, Unionibus, etc.,
quae nullam habent pro adscriptione sodalium formam ac ceremoniam, et in quibus potius attenditur et consideratur major
fidelium numerus, jus est Episcopo committendi Directori ut
instituat sic dictos *Zelatores* et *Zelatrices,* quibus sit potestas
valide adscribendi in piam Societatem.[65] Firmatur hoc Decreto
auth. 453, ad 4., de quo fit mentio infra, quando erit sermo de
non adscribendis absentibus ad pias Sodalitates.

3. Saepe et alii Sacerdotes facultatem obtinent vel a Sancta
Sede vel a Superioribus Ordinum religiosorum, vel ab Archiconfraternitatibus, adscribendi fideles Sodalitatibus a S. Sede
approbatis. |Hujusmodi facultas regulariter non conceditur,
*nisi pro iis locis, in quibus respectivae confraternitates non
existunt.* Quid possint agere vel debeant praefati sacerdotes
manifestum erit ex sequenti resolutione, quae speciatim respicit Confraternitates Scapularium.

Quaesitum fuit:

Utrum sacerdos, qui a Sancta Sede obtinuit facultatem
benedicendi scapularia habeat eo ipso facultatem imponendi
ipsamet Christifidelibus, *et eosdem adscribendi Confraternitatibus* a S.Sede approbatis

Sacra Congregatio respondit: Affirmative, ita tamen, ut
Sacerdotes, qui praedictum indultum benedicendi scapularia
ab Apostolica Sede legitime obtinuerint, penes se habeant

____
[65] Mocchegiani, op. cit. n. 1772.

privatum registrum, et quamprimum commode possunt, transmittere teneantur ad Superiores respectivae Sodalitatis canonice erectae nomina receptorum, ut in Album ipsius Sodalitatis referantur.[66]

4. Superiores Ordinum religiosorum, dum facultatem elargiuntur Sacerdotibus recipiendi fideles in Confraternitatem, solent in respectiva pagella seu libello apponere: *Dummodo id fiat in locis, ubi Conventus nostri Ordinis non reperiuntur.* Saepe tamen, praesertim quando agitur de magnis civitatibus, inseritur facile haec alia formula: *etiam in locis ubi sunt domus nosrae religionis.*[67]

5. Qui habet facultatem adscribendi socios in aliquam Confraternitatem vel piam associationem, etiam seipsum illi adscribere valet, ut et ipse quoque possit indulgentias, quae eidem adnexae sunnt, lucrari, quatenus haec facultas habeatur indiscriminatim ei concessa et non taxative ex. gr. si esset ei concessa tantum pro Monasterio Monialium.[68]

(b) *Quinam in Confraternitatem recipi possint*

In Confraternitates recipi possunt fideles baptizati; qui enim nondum essent baptizati, incapaces forent recipiendi gratias spirituales, quae certis diebus certisque sub conditionibus Sodalibus elargiuntur. Imo nec omnes fideles baptizati possunt indiscriminatim in Confraternitates recipi; multi enim praepediuntur a receptione in Confraternitates restrictionibus pro admissione appositis, de quibus statim loquar.

(c) *Quinan recipi non possint*

Quamvis Confraternitates de die in diem numeriosiores evadant et ingressus in eas semper facilior reddatur, multae tamen existunt restrictiones pro admissione in Confraternitates. De principalioribus saltem hujusmodi restrictionibus verbum facere necesse est. Itaque in Confraternitates recipi non possunt:

1. *Defuncti.* Declaravit hoc jam die 12 Julii 1703 Sacra Congregatio Sancti Officii; et Sacra Congregatio Indulgentiarum, die 25 Augusti 1897, in epistola ad Episcopos Italiae,

---

[66] Decret. 26 Jan. 1871. n. 428 ad 1.
[67] Moccheglani, op. cit. n.
[68] Congreg. Indulg., 16 Julii, 1887, ad VII.

Galliae et Germaniae, in qua epistola reprehendebatur aliqua Confraternitas, quod in Album insereret et nomina defunctorum.

Pariter die 13 Decembris anni 1876, interrogationi Archiepiscopi de N.—D. du Sacre-Coeur: An liceret adschibere in Confraternitates defunctos post eorum mortem? Responsum fuit: Negative.

Analogam etiam decisionem habemus Sacrae Congregationis Indulgentiarum die 14 Augusti anni 1889; ac denique Decretum universale emanatum die 25 Augusiti anno 1987, quod est adhuc praecisius.

Unica tantum data fuit exceptio pro Confraternitate SSmi Rosarii, quae exceptio facta fuit ab Alexandro VI per suam Bullam "Illius" de die 13 Julii anni 1495. Haec in laudata Bulla habentur verba: "Non obstante Decreto S. Congregationis d. die 25 Augusti 1897 *in una Urbis et Orbis* vi specialis privilegii Directores Confraternitatum SS. Rosarii albo suae Confraternitatis permittere valeant inscribi nomina defunctorum, etiam ad hunc finem dumtaxat, ut defuncti fiant participes meritorum Confraternitatis, et precibus Sodalium commendati habeantur.[69]

2. *Infantes ante usum rationis.* Declaravit hoc Sanctum Officium die 6 Decembris anno 1876. Facta est autem exceptio pro illis Confraternitatibus, quibus praecipue et solummodo infantes et pueri adscribuntur, uti est Sacra Infantia, Cohors Angelica, etc.

Pariter infantes valide adscribuntur in Congraternitatem Scapularis. Constat hoc ex decreto authentico n. 410, quod decretum brevissimum ita se habet:

Cameracen. Cum in civitate vulgo Turcoin nuncupata Archiedioecesis Cameracensis hoc in nonnullarum piarum matrum more positum sit, ut parvulis suis etiam rationis usum nondum adeptis sacrum scapulare consueto ritu imponi faciant, Superior domus religiosae Missionariorum Societatis Mariae ejusdem civitatis, de hujusmodi impositionis validitate dubitans exquirit:

Utrum sufficiens sit isthaec scapularis impositio, ut parvuli, cum ad rationis usum pervenerint, indulgentiis aliisque privilegiis illud gestantibus concessis frui possint et valeant?

---

[69] P. Pradel. Manuel du Sain-Rosaire.

Sacra Congreg. in comitiis generalibus habitis apud Vaticanas Aedes die 29 Augusti 1864, audito consultoris voto et re mature perpensa respondit: Affirmative.

Post elapsos autem tantum annos duodecim ab hoc decreto S. Congregationis Indulgentiarum, Sacra Congregatio Inquisitionis edidit die 13 Decembris anno 1876 aliud decretum, in quo dat decisionem Confraternitati N.—D. du Sacre-Coeur, dicens: *Non expedire adscribere infantes*. Et observat P. Beringer quod decisio haec deberet praxi demandari illique deberemus nos quasi semper accomodari. Dicit quasi semper et non semper, nolens certe aditum praepedire infantibus pro iis Confraternitatibus, quas ipsi praecipue et solummodo efformant, uti jam vidimus. Tali in casu parvulorum matres debitas pro ipsis recitant preces usque dum ipsi easdem per seipsos fundere capaces evadant.

3. *Moniales* nequeunt sese inscribere in Confraternitates SS. Rosarii, Chordae, Cincturae, et hujusmodi.[70] Sacra Congregatio enim Archiepiscopo Zarae die 27 Octobris anno 1593 ita scribebat:

"Non permittitur, quod Moniales se faciant adscribi in Societates S. Rosarii, Chordae, Cincturae et hujusmodi."[71]

4. Magnus numerus personarum excluditur a nonnullis Confraternitatibus ob illam solam rationem, quod non sint de territorio, pro quo Associatio seu Confraternitas fuit erecta et approbata. Uti enim postea dicetur, in capite "De Aggregatione," solum Archiconfraternitates Romanae, regula generali, possunt sibi adscribere sodales ubique terrarum. Ceterae vero nequeunt recipere personas quae non sunt de territorio ipso ubi existit Confraternitas. Et ista regula generalis applicatur pro omnibus Confraternitatibus, quae approbatae sunt pro aliqua determinata regione, uti pro Gallia, Italia, etc., vel pro certa tantum dioecesi erectae, relate ad quas fideles extra tales limites commorantes, *extranei* dici possunt. Patet hoc ex decreto authentico n. 403, ad 1.

5. *Absentes* denique non possunt adscribi in Confraternitates. Praesentia personalis fidelium, qui desiderant sese

---

[70] Sacra Congreg. apud Pignatell., tom. VI. colsult. 85, n. 213.

[71] Juxta novum Codicem Can. 693 §4 Religiosi possunt piis associationibus nomen dare, exceptis iis quarum leges, Superiorum judicio, cum observantia regulae et constitutionum conciliari nequeant.

alicui Confraternitati adscribere, non est formalitas ab ipsa rei natura exquisita, cum omnibus notum sit, quod plures et aliquando magni quidem momenti possunt peragi contractus "inter absentes," sed ista praesentia personalis requiritur potius ad praecavendos abusus, et ad procurandam devotionem magis Sodalium quam magnum numerum. Tamen et ista regula de personali praesentia suas habet exceptiones sive ex particulari organizatione alicujus Confraternitatis sive ex speciali dispensatione Sanctae Sedis. Ita ex. gr. Benedictus XIV, suo Brevi "Non est quidem" ex die 25 Maji anni 1754 concessit privilegium Regibus et Principibus eorumque consanguinibus usque ad secundum gradum inclusive sese inscribendi *etiam absentes* in Confraternitatem vulgo dictam "Nuestra Segnora de Guadalupe, Patrona de Mexico."[72]

Prolixa et aliquantulum intricata est materia de non adscribendis *absentibus* in Confraternitates. Videri hoc facile potest vel ex ipsa multitudine quaesitorum ac responsionum Sacrarum Congregationum. Quum dissertatio mea non permittat mihi nimis profuse hac de re tractare, breviori saltem qua fieri potest methodo materiam hanc explanare procurabo.

In una *Americana Novi Regni Hispanici* sub die 28 Aprilis 1761, propositum fuit dubium:

1° An absentes adscribi possint in confratres?

Et quatenus negative.

2° An supplicandum sit SSmo. pro eorum admissione, vel ad minus pro admissione incolarum praedicti novi Regni Hispanici? (Agitur de laudata Confraternitate B. V. M. Guadalupensis.)

Sacra Congregatio respondit: Negative in omnibus.[73]

Sed cum in nonnullis ex piis Sodalitatis inter Sodales adscribendi etiam absentes contra praefatam decisionem consuetudo inoleverit, Summus Pontifex Leo XIII *praevia sanatione,* omnium adscriptionum hactenus haud rite factarum, *mandavit, ut in posterum serveantur, atque* ud observatiam revocentur resolutiones praefato anno 1761 editae.[74]

Edito ac cognito hoc Decreto, undique plurima exorta sunt

---

[72] Decret. auth. n. 226.

[73] Idem Decret. auth.

[74] Decret. Urbis et Orbis, 13 Aprilis 1878, n. 437.

dubia de vero illius sensu; imo plures ex parte potissimum Episcoporum porrecti fuerunt libelli supplices, quibus enixe a Sacra Congregatione postulabatur, ut non obstante supramemorato Decreto absentes adscribi possent saltem Sodalitatibus seu piis Unionibus piisque Operibus, quae verae Confraternitates dici nequeunt, simulque proponebatur modus, quo via in posterum praecingeretur abusibus, qui hucusque inoleverant in absentium inscriptione. Quare desuper his sequentia dubia solvenda proposita fuerunt:

1° Utrum Decretum diei 13 Aprilis 1878 prohibens inscriptionem absentium, ad pias Uniones et pia Opera, quae a veris Confraternitatibus distinguuntur, extendatur?

2° Utrum et quomodo post memoratum Decretum probanda vel permittenda sit inscriptio sociorum absentium, cum agitur de veri nominis Confraternitate?

3° Quid respondendum quoad petitiones exhibitas a moderatoribus Confraternitatum, praesertim ab Episcopis, qui postulant, non obstante Decreto, adscribi posse praedictis Confraternitatibus absentes per litteras et per interpositam personam, sive propter consuetudinem, sive propter novas rationes ab ipsa experientia desumptas?

4° Quaenam alia praescribenda in casu?

Quibus in Congregatione Generali habita in Palatio Apostolico Vaticano die 14 Junii 1880 EE. PP. rescripserunt:

Ad 1, 2, 3: Providebitur in 4°.

Ad 4: Firmo remanente Decreto diei 13 Aprilis 1878, dubiis et petitionibus propositis provideatur per appositam instructionem et dipositivam declarationem juxta mentem panditam pro opportunis exceptionibus.

In audientia diei 19 Junii 1880 Summus Pontifex Leo XIII Sacrae Congregationis judicium in omnibus benigne approbavit.[75]

Per Decretum Urbis et Orbis de die 26 Novembris 1880 prodiit declaratio Decreti diei 13 Aprilis 1878 de absentibus non adscribendis ad pias Sodalitates. Praecipua ejus capita hic exponam, quae ad haec reduci possunt:

1. Distinguendum est inter Sodalitates pro universo orbe catholico, ac Sodalitates pro certa tantum dioecesi vel regione

---

[75] Decret. auth. n. 452.

canonice erectas, relate ad quas fideles, qui extra limites locali
Sodalitati constitutos commorantur, *absentes* dicuntur, imo
vero non *simpliciter absentes,* sed etiam *extranei* dici possunt.
Hujusmodi locales Sodalitates . . . in confratres admittere nequeunt absentes extra limites Sodalitatis, atque hic
primus est sensus memoratae resolutionis S. Congregationis
diei 28 Aprilis 1761 (in Americana), atque hoc primo sensu
adscriptiones *absentium* tum Decreto Urbis et Orbis diei 12
Aprilis 1878, tum praesenti instructione irritae omnino generali lege *sine ulla nova exceptione* declarantur.

2. Sodalitates etiam *universales,* relate ad quas nulli sunt
primo hoc sensu *absentes* seu extranei, nequeunt in confratres
admittere simpliciter *absentes;* scilicet requiritur ex jure adscribendorum praesentia personalis. At nullatenus mens fuit
Decreti eam restringere ad locum ubi Sodalitas canonice
erecta propriam habet sedem ac centrum; sed sufficit adscribendorum praesentia coram quocumque, qui quocumque in
loco delegatam vel subdelegatam legitime habeat adscribendi
facultatem: non sufficit vero moralis, interpretiva vel reprae-
sentativa praesentia per litteras aut alio quovis modo per
interpositas etiam personas: atque hic est alter sensus, quo
adscriptiones *absentium* juxta resolutiones in Americana et
juxta memoratum Decretum irritae sunt, ac praesenti etiam
instructione irritae quidem generali lege, sed *cum infrascriptis
exceptionibus declarantur.*

3. Quamvis generatim relate ad communicationem indulgentiarum communes pro quavis Societate latae sint leges,
praesertim in Constitutione Clementis VIII *Quaecumque.*
tamen relate ad legem de non adscribendis *absentibus* ejusque
exceptiones, aequum est distinguere inter Sodalitia, quae
strictiori sensu Collegia dici possunt, ut esse solent pleraeque
proprii nominis Confraternitates ad modum organici corporis
constitutae, et Sodalitia, quae laxiori modo sociali vinculo
colligantur, ut esse solent plures etiam Confraternitates et
pleraeque piae Associationes, Congregationes, Aggregationes,
Uniones ac pia Opera, ut vocant. Inter plura discrimina quae
ad praesentem finem non refert nec facile est accuratius in-
quirere, illud maxime ad rem pertinet advertere, quod strictiori sensu Collegia, seu proprii nominis Confraternitates et

Sodalitia, quae ad illas in organica sui constitutione magis accedunt, soleant etiam juxta proprias leges, pro sodalium inscriptione certam aliquam habere formam cum aliqua solemnitate ac ritu, ut publica candidatorum petitio ac praesentatio, probatio aliqua et novitiatus, vel saltem impositio habitus, scapularis, cincturae, quae *ex sui natura personalcm praesentiam requirunt*. Pro hujusmodi itaque Sodalitatibus cujuscumque sint nominis nulla praesenti declaratione datur generalis ac ordinaria exceptio a lege de non adscribendis *absentibus*: tamen conceditur earum Moderatoribus eorumque Delegatis, ut in casibus singularibus dispensare possint a statuta forma inter *praesentes,* ac absentes etiam per singularem seu extraordinariam exceptionem rite adscribere.

4. Pro Sodalitatibus etiam, piis Unionibus, piis Operibus et cujuscumque sint nominis Societatibus, quae nullam habent pro adscriptione sodalium formam ac ceremoniam inter praesentes, Decretum quoad *absentes,* quantum fieri potest, rite servetur, et potius praesentium adscriptio facilior reddatur ac pro viribus promoveatur, *multiplicatis canonice Associationum centris auctoque pro opportunitate Zelatorum, Zelatricium, Promotorum* vel quovis nomine appellentur, *eorum numero*, qui juxta approbatas Sodalitii leges non modo inscriptionum utcumque promovendarum officium, sed etiam *adscribendi subdelegatam habeant facultatem*. Sed cum id nec semper, nec ubique fieri possit, nec plane sufficiat, Apostolica benignitate indulgendum esse videtur, ut qui *praesentes* commode esse nequeunt, non omnino excludantur, sed quamvis *absentes,* per litteras vel interpositas personas, quae eos repraesentent, *adscribi discrete valeant,* vitando simul abusus, quibus maxime praecavendis adscribendorum praesentia requiritur. Itaque cum plurium diversi nominis Sodalitatum ac piorum Operum vis et utilitas maxime sit in fidelium *numero,* qui ad varia pietatis et charitatis exercitia consociantur, ne praesentiae conditio impedimento sit felicibus Societatum incrementis, ac ne plurimi fideles bonae voluntatis ab inscriptionis beneficio contra Decreti mentem praepediantur, S. Congregatio . . . praesenti hac dispositiva declaratione . . . declarat, etiam *absentes* ad hujusmodi pias Associationes adscribi posse, ser-

vata tamen Decreti mente, spiritu ac fine, ut scilicet non solum augeatur numerus sed etiam adscribendorum devotioni consulatur, non temere, leviter ac turmatim collectis nominibus, sed discrete, ne alii, quantum fieri potest inscribantur, nisi qui absentes quidem corpore, sed praesentes spiritu, scientes et volentes piae Societati adscribi, injuncta opera adimplere et indulgentias lucrari intendunt.

5. Porro *exceptiones speciales* vel ob probata quarumdam Sodalitatum statuta, vel absentium etiam inscriptionem includere aut supponere, aut flagitare videntur; vel ob privilegium, vel ob singularem fidelium devotionem sua directe mittendi nomina ad insignia quaedam Sanctuaria, Sodalitatum centra; vel denique ob varia Sodalitatum, personarum, locorum ac temporum adjuncta; partim jam vel declaratae, vel ad tempus concessae, quin necesse sit eas singillatim recensere, *generali hac Decreti benigna interpretatione et dispositiva declaratione simul omnes comprehenduntur, ratae habentur, confirmantur atque ampliantur.*

Hanc Sacrae Congregationis instructionem et declarationem Summus Pontifex Leo XIII, die 26 Novembris 1880, benigne approbavit, *ac sanatis prius,* si quae factae fuerint, *irritis absentium adscriptionibus,* Decretum diei 13 Aprilis 1878 in posterum juxta praesentem benignam interpretationem et dispositivam declarationem observari praecepit.[76]

Art. III.—De Formalitatibus in receptione Sodalium servandis

Admissio proprie dicta diversas exigit formalitates pro diversitate Confraternitatis vel Congregationis. Generaliter admissio quatuor diversos continet actus, nempe: (*a*) benedictionem scapularis; (*b*) impositionem scapularis (et cincturae si adest) (*c*) receptionem ipsam; (*d*) inscriptionem Sodalis in Album Confraternitatis. Tres primi actus sunt essentiales et ad validitatem, quartus vero non afficit validitatem. Patet hoc ex Decreto authentico n. 329 ad 3—um. Interrogabatur paucis verbis Sacra Congregatio an valida foret adscriptio Confraternitati (B. V. M. de Monte Carmelo), quae fit a sacerdotibus quidem facultatem habentibus, non servata tamen forma in Rituali et Breviario Ordinis Carmelitarum

---

[76] Cf. Decretum auth. n. 453.

descripta. Cui interrogationi Sacra Congregatio respondit: Affirmative, dummodo sacerdotes facultatem habentes non deficiant in substantialibus, nempe in *benedictione* et *impositione* habitus (seu Scapularis) ac in *receptione* ad Confraternitatem.[77].

Quartus vero actus, nempe inscriptio in Confraternitatem non est necessarius ad validitatem, sed tantum pro acquisitione indulgentiarum.[78] De singulis hisce quatuor pauca saltem dicere necesse est.

(a) *Benedictio Scapularis*

Benedictio et impositio Scapularis necessaria est *generatim* ad validitatem in Confraternitatem inscriptionis, uti jam vidimus. Dixi *generatim* sed non *omnino semper,* quia dantur nonnullae Confraternitates, quae utuntur Scapulari, sed ejusdem Scapularis benedictio et impositio non est necessaria ad validitatem. Tales sunt v. gr. Archiconfraternitates Pretiosissimi Sanguinis D. N. Jesu Christi, Pia Unio Immaculatae Conceptionis Virginis Mariae, Pia Unio vulgo dicta Nuestra Segnora de la Salude et Sancti Camilli de Lellis, necnon Pia Unio Sancti Michaelis Archangeli et nonnullae aliae.[79]

Habentur pariter Scapularia, quae indulgentiis ditata sunt, et tamen ii, qui ea deferunt non formant ullam Confraternitatem vel Congregationem; uti Scapulare rubrum Passionis, Scapulare album Purissimi Cordis Virginis Mariae, Scapulare violaceum Immaculatae Conceptionis B. M. Virginis necnon Scapulare S. Josephi.[80]

In Confraternitatibus denique, quae non habent Scapularium neque cincturam, admissio geheratim reducitur ad solam receptonem et adscriptionem, vel ad inscriptionem tantum.

Quando primum Scapulare, quod quis in adscriptione ad Confraternitatem recepit, scissum fuerit, *consulendum est,* ut et subsequens Scapulare benedictionem recipiat, sed haec benedictio non est absolute necessaria ad Indulgentias lucrandas.

Habebatur tamen una exceptio, nempe pro Scapulari San-

---

[77] Sacra Congreg. Indulg. die 24 Augusti 1844.
[78] Sacra Congreg. Indulg. die 16 Jul. 1887.
[79] Ferreres, *op. cit.* n. 138.
[80] Ibidem n. 139.

ctissimae Trinitatis. In uno etenim ex articulis statutorum
evincebatur, quod novum Scapulare nova benedictione esset
benedicendum singulis vicibus, quin tamen necessaria foret
nova ipsiusmet Scapularis impositio.[81] Et ista benedictio
peragi debebatur ab aliquo Sacerdote facultatem habente admittendi in Confraternitatem. Articulus ille statutorum reperitur transcriptus in Decreto authentico dato die 30 Martii
1716, qui est sequentis tenoris:

"Quando vero Scapularium fuerit scissum, ejusque amissa
forma, renovatur, eique nova crux imponitur, et de novo bene-
dicitur, prout, quando novum sumitur."

Sed et ista exceptio evanuit post rescriptum Sacrae Congregationis Indulgentiarum die 24 Augusti anni 1895: 'Sacra
Congregatio . . . ut etiam quoad Scapulare Sanctissimae
Trinitatis inducatur uniformitas pro aliis, et in primis pro
Carmelitico, existens, quae *nonnisi prima vice benedicuntur,
id est quando primitus Christifidelibus imponuntur,* benigne
annuit pro gratia juxta preces." [81]

(b) *Scapularis Impositio*

Pro impositione requiritur Scapulare benedictum, uti jam
vidimus. Et insuper Scapulare debet esse ejusdem Confraternitatis, ad quam quis sese adscribere vult. Nemo ergo potest
recipi in Confraternitatem si in momento receptionis non
habeat ejusdem Confraternitatis Scapulare, sed aliud diversum
tantum, vel si in Scapulari quod habet non verificantur omnes
conditiones a statutis praescriptae.[82]

Sacra Congregatio Indulgentiarum Decreto generali dato
die 18 Septembris 1862 nullas declaravit admissiones factas
cum Scapulari de Monte Carmelo, quod non habebat formam
debitam, quamvis statim personae adscriptae Scapularia debito
modo facta sibi acquisierint.[83]

Requiritur pariter ad validitatem receptionis, ut Scapularia
ad eodem Sacerdote imponantur, a quo benedicuntur.[84]

Nihil tamen obstat quominus idem Scapulare, quando plures
inscribendi sunt, pluribus imponi possit. Interrogata enim

---

[81] Tachy, *op. cit.* n. 200 sq.
[82] Tachy, *op. cit.* n. 207.
[83] Decret. auth. n. 394.
[84] Sacr. Congreg. Indulg. 16 Junii 1872, Decret auth. n. 430.

Sacra Congregatione: "Utrum unum idemque Scapulare semel benedictum valide possit pluribus per vicem imponi, repetita solummodo super singulis receptionis sive impositionis formula?"—Sacra Congregatio respondit, affirmative, ita tamen *ut primum Scapulare, quod deinceps adscriptus induere* debet, sit benedictum.[85]

Pariter, quando plures sunt simul Confraternitati adscribendi non est necesse in impositione Scapularium pro omnibus singillatim repetere formulam, sed tunc formula potest dici numero plurali.[86]

(c) *Ipsa in Confraternitatem receptio*

In quo consistat ipsa in Confraternitatem receptio docent nos Acta S. Sedis:

"Formalis receptio consistit in actu auctoritativo recipiendi seu admittendi, sive id fiat verbis: Te recipio, te in Confraternitatem adscribo et similibus formulis, sive etiam id fiat per actus, qui idem per se aut significant aut supponunt."[87]

In Confraternitatibus proprie dictis ista formalis receptio necessaria est sub poena nullitatis; et necesse est, quod verbis exprimatur et non tantum simplici intentione.[88] Quaesitum enim fuit: An receptio in confraternitatem valeat, si fiat simplici intentione, ac verbis nullis adhibitis? Et responsum fuit, negative.

Formulae autem quae apponuntur in Ceremoniali vel Breviario non sunt obligatoriae sub poena nullitatis. Sufficit ut in formula quae adhibetur essentialia contineantur verba, quae recipientis intentionem significent ac voluntatem.

Unaquaeque Confraternitas Scapularis suam habet formulam pro receptione. Ita e. gr. Confraternitas SS. Trinitatis hanc habet formulam: "Accipe habitum Sanctissimae Trinitatis in augmentum fidei, spei et charitatis, in nomine Patris, Filii, et Spiritu Sancti." Et aliae Confraternitates alias habent formulas. In omnibus tamen ea quae sunt ad substantiam inveniri debent ad valorem actus."[89]

Multis in Confraternitatibus, Congregationibus, seu Asso-

---

[85] Sacra Congreg. Indulg. die 13 Junii 1906.
[86] Sacra Congreg. Indulg. die 18 Aprilis 1891.
[87] Acta S. Sedis, vol. IV, pag. 240.
[88] Sacra Congreg. Indulg. die 27 Aprilis 1887.
[89] Decretum auth. n. 421, ad 3.

ciationibus, v. gr. in iis quae a Prima Primaria dependent, usu
receptum est, ut in easdem admitti cupientes desiderium
suum prius adaperiant consilio ac Directori, qui si, deliberatione adhibita, annuant petitioni, dies statuitur quo novi
sodales solemni ritu et forma debita sint recipiendi. Eo die
omnes conveniunt in Sodalitatis ecclesiam; concio habetur;
postulantes elata voce petitionem pro admissione emittunt, et
deinde Rector, manu extensa, haec vel similia profert: Ego
auctoritate *mihi concessa, recipio vos in congregationem par-
ticipesque facio indulgentiarum et privilegiorum.*

(d) *Inscriptio Sodalium*

In Confraternitatibus proprie dictis inscriptio Sodalium
requiritur uti conditio sine qua non, ut Sodales Indulgentias
Confraternitati concessas lucrari possint. Interrogata enim
Sacra Congregatione Indulgentiarum: "Utrum in iis Sodalitiis, quae solemnem aliquem ritum receptionis adhibent, confratres hoc solemni modo a legitimo Sodalitatis Praeside recepti, lucrari possent Indulgentias, *licet in libro Sodalitatis
non inscribantur?* Respondit negative, si agatur de Confraternitatibus proprie dictis.[90]

Una tantum data fuit a lege inscriptionis generalis dispensatio a Gregorio XVI Ordini Carmelitano, quae dispensatio
elargita fuit speciali Decreto die 30 Aprilis 1838.[91]

---

[90] Sacra Cong. Ind. 16 Julii 1887 ad IV.
[91] Appendix ad Decreta auth. S. C. Indulgentiarum.

XIV

R. Pater Generalis Ordinis Carmelitarum Gregorio PP. XVI supplicavit hac petitione: "Annis praeteritis, quando in regnis catholicis
abundabant Ordinis nostri monasteria, facile erat, ubicumque adscribere ad scapulare, aut saltem non in magna distantia erigere Confraternitatem B. M. V. de Monte Carmelo seu sacri scapularis in regestis,
in quibus inscribitur nomen novi confratris, ut ad litteram verificare-
tur, ipsum descriptum in Confraternitatem guadere posse indulgentiis
consessis praesertim a Paulo PP. V. fidelibus descriptis aut descri-
bendis in Confraternitatem. Sed hodiernis diebus ob deficientiam tot
domorum Ordinis Carmelitici, et ob frequentes facultatum petitiones,
ipse Orator saepe difficile esse animadvertit et identidem impossibile,
cito adscribere nomina aggregatorum in aliqua Confraternitate Carmelitica canonice erecta: hinc dubitatio suboritur, an ob defectum
hujus erectionis, fideles priventur sacris indulgentiis, praesertim in
sententia eorum, qui tenent tamquam conditionem essentialem ad
earumdem indulgentiarum lucrum adscriptionem novi sodalis in libro
alicujus Confraternitatis. Quare supplicatur Sanctitati Vestrae, ut
concedere dignetur, fideles recipientes a Superioribus Ordinis vel ab
aliquo sacerdote auctoritate eorum sacrum scapulare, eo ipso sine

Non obstante vero hac dispensatione, Sancta Sedes semper desideravit, quod formalitas haec adimpleretur, quoties foret possibile, ne ita membra Confraternitatis post eorum mortem privarentur suffragiis.[92]

Quod attinet vero ipsam materialem inscriptionem, distinquendum est inter Confraternitates: In Confraternitatibus quae non habent alium modum recipiendi in Confraternitatem nisi per ipsam inscriptionem in Album, necesse est quod inscriptio haec ab ipso Directore confraternitatis peragatur. Neque ipse potest sese subdelegare nisi statuta ipsa hanc ei dent facultatem. Idem dicendum de iis Confraternitatibus, quae in suis statutis dicunt, quod nomina novorum confratrum in Album recensenda sint ab ipso Confraternitatis Directore, quia tunc illae Sodalitates existimant materialem illam inscriptionem tamquam unicam formalitatem absolute necessariam pro admissione in Confraternitatem. Hoc modo procedere videtur Archiconfraternitas vulgo dicta *de Notre Dame du Salut.*[93]

Postquam autem novi sodales recepti sunt personaliter ab ipso Directore, tunc inscriptio materialis in Album a quocumque fieri potest. Patet hoc ex Decreto authentico n. 331, ad 1—um: Utrum Rector Confraternitatis nomina recipiendorum vel receptorum in Album Confraternitatis debeat inscribere? Responsum fuit: Inscriptio materialis a quocumque fieri potest, dummodo ab habente facultatem tantum Christifidelis sit rite receptus."

---

ulla inscriptione materiali nominis in libro alicujus Confraternitatis inscripti censeantur in Confraternitatem jam canonice erectam in loco, ubi prima vice eisdem eis scapulare imponitur; vel, si neque Confraternitas Carmelitica adhuc erecta reperiatur in eo loco, urbe, oppido, sint eo ipso adscripti in Confraternitatem viciniorem et tamquam in Confraternitatem adscripti gaudere possint indulgentiis, privilegiis, facultatibus, gratiis spiritualibus et indulgentiis, quae Summi Pontifices Confraternitatibus Carmeliticis sacri scapularis concesserunt."

Ex audientia SSmi die 30 Aprilis 1836 SSmus D. N. Gregorius PP. XVI attentis peculiaribus circumstantiis ac praevia sanatione quoad praeteritum, benigne annuit in omnibus juxta preces, servatis tamen in reliquis de more servandis ad formam praecedentium concessionum, contrariis quibuscumque non obstantibus. Praesenti in perpetuum valituro absque ulla Brevis expeditione.

[92] (3) Decretum auth., 17 Septembris 1845, n. 330: "Monendi sunt praefati sacerdotes, ut nomina receptorum in albo ipsius sodalitatis vicinioris, sive monasterii Religiosorum respective inscribere non omittant, ne in eorum obitu suffragiis priventur."

[93] Rescriptum, auth., pag. 628.

Modum vero, quo fieri debet haec materialis inscriptio, docet nos ipsa Sacra Congregatio Indulgentiarum hisce verbis: Sciat Rector, opus suum esse, ut apud se librum retineat, in quo nomina et cognomina fidelium ad Sodalitatem ingredientium sua manu designet cum die, mense et anno. Qui autem a Rectore delegatus fuerit, in notula separata novos fideles sua manu obsignet, eamque cito ad Rectorem mittat, ut cum aliis servetur.[94]

Inscriptio membrorum in Confraternitatem debet esse omnino gratuita juxta legem a Concilio Tredentino latam. Eadem prohibitio invenitur in Constitutione "Etsi dominici gregis" data a Summo Pontifice Pio PP. V. die 8 Februarii 1567. Lamentatur in illa Constitutione Pontifex, quod recipiebatur pecunia pro admissione in Confraternitatem et condemnat talem agendi modum tamquam simoniae labe contaminatum.

Pariter Sacra Congregatio Indulgentiarum die 23 Septembris anni 1746 condemnavit uti contrarium dispositionibus Concilii Tridentini et tamquam illiciti lucri speciem habentem articulum sequentem statutorum alicujus Confraternitatis Cortonensis: Qui autem tanti boni participes esse voluerit et adscribi dictae Congregationi *annuet* pro solutione tenuis ac spontaneae eleemosynae.[95]

Ac tandem Sanctum Officium, die 25 Maji anno 1861, loquens de Religiosis Congregationibus in Gallia hisce usum est verbis: "Monachis quoque mandarunt, ut nihil tamquam emolumenti vel oblationis pro sociorum adscriptione quocumque titulo vel praetextu perciperent.[96]

Quapropter P. Theodorus a Spiritu Sancto non dubitavit dicere: "Statutum quo compelluntur fideles ad solvendam certam pecuniae summam in confraternitatis ingressu, approbandum non est (ab Episcopo): esset enim lex de pretio solvendo omnino illicito."[97]

Certum, prosequitur idem P. Theodorus, si statutum illud non sit per modum coactionis sed tantum adhortationis, eosque dumtaxat afficiens, qui solvere possunt, nec alioquin

---

[94] Rescriptum auth. pag. 551, nota 7.
[95] Decret. authent. 23 Septembris 1746, n. 159.
[96] Analecta, VII, pag. 854.
[97] Observations sur la constitution Quaecumque de Clement VIII, p. II. pag. 131.

pauperes a piis operibus et ab adscriptione inter confratres retrahantur, tunc rejiciendum non esset. Item si pecunia illa decerneretur ad modum eleemosynae pro missis, ornamentis ecclesiae, aliisque confraternitatis oneribus foret impendenda."

Et in hoc videtur quod opinio P. Theodori a Spiritu Sancto bonum habeat fundamentum, quum implicite contineatur in Decreto authentico n. 260, ubi inter alia haec leguntur: "Nihil obstare quominus Confraternitates recipere possint oblationes erogandas in ecclesiae seu oratorii reparationem atque ornatum, vel in alios pios usus de consensu ejusdem Ordinarii.[98]

Art. IV.—*De perpetuitate admissionis*

Admissio et inscriptio in Confraternitatem ex natura sua est perpetua. Semel facta semper perseverat. Declaratum hoc fuit a Sacra Congregatione Indulgentiarum pro Confraternitate Scapularis, quodque extenditur ad omnes Confraternitates. Declaratio haec habetur in Decreto authentico n. 379, ad 1, et 2.

1. An, qui rite semel adscripti Sodalitati Scapularis B. M. Virginis de Monte Carmelo, postea habitum sacrum Sodalitatis dimiserunt, teneantur ad novam sacri habitus receptionem a potestatem habente, si velint Indulgentias praecitatae Sodalitati a Summis Pontificibus concessas lucrari, vel an sufficiat, ut habitum sacrum ipsi denuo resumant simpliciter? Et quatenus negative ad 1—um.

2. Quodnam temporis spatium a dimissione habitus sacri requiratur, ut nova receptio a potestatem habente necessaria sit?

Sacra Congregatio Indulgentiis Sacrisque Reliquis praeposita ad praefata dubia die 27 Maji 1857 respondit:

Ad 1—um: Negative ad primam partem, Affirmative ad secundam.

Ad 2—um: Provisum in primo.

Pariter Romae repraehensa fuit aliqua Confraternitas, in qua invaluit usus, quod singuli confratres singulis annis praesentari se deberent Moderatori pro reiteranda receptione et adscriptione.[99]

---

[98] Beringer, Les Indulgences, tom. II. pag. 17.
[99] Beringer, Les Indulgences, tom. II, pag. 65.

Duplici tantum in casu reiteratio admissionis et inscriptionis est necessaria: 1°, quando sodalis Scapulare, cincturam
et signa Confraternitatis dimittat, et positive ac explicite juri
Confraternitatis renuntiet; 2°, si a legitima auctoritate legitime sit expulsus a Confraternitate.[100]

Art. V.—*De expulsione Sodalium*

Ex Albo Sodalitatis merito expunguntur illi sodales, qui ab
instituto desciverint, praevia tamen admonitione servatisque
statutis et salvo jure recursus ad Ordinarium (quando expulsio
facta fuerit a Moderatore Sodalitatis). Omnino dimittendi
sunt sodales, qui in fide et moribus contumaciter sunt scan-
dalosi, v. gr. concubinarii et francomurarii, ac sese emendare
et scandalum reparare recusant.[101] Uti regula generalis
requiritur semper causa justa.

Quando Confraternitas constituta est ad modum organici
corporis, tunc generatim loquendo adest semper consuetudo
dandi tales dimissiones in comitiis generalibus.

In aliis vero Confraternitatibus, statuta ipsa fere semper
determinant modum quo dimissio sit peragenda.

Pariter in ipsis statutis quasi semper indicantur causae,
propter quas fieri potest vel debet dimissio. Sciendum est
autem, quod hae causae non sunt taxative propositae, et possunt dari multae aliae causae, propter quas dimissio sequi
possit, licet in statutis non comprehensae seu non contemplatae
sint.

Quod spectat vero auctoritatem, a qua expulsio executioni
mandari potest, haec triplex distinguitur, nempe Congregationes Romanae, Ordinarius, quod rarissime accidit, et Confraternitates ipsae.[102]

Congregationes Romanae ornatae sunt facultate expellendi
sodalem a qualicumque Sodalitate. Verum est, quod tantum
rarissime usae sunt hac facultate, sed dantur casus expul-
sionum a Sacris Congregationibus peractarum.[103]

---

[100] Ferreres, op. cit. num. 154.

[101] Wernz, op. cit. Vol. III, n. 714.

[102] Tachy, op. cit. n. 241.

[103] Analecta, XII, pag. 112, n. 457, S. C. EE. et RR. n. 7 Sept. 1770, in
Maceraten: "Sacra Congregatio, ad quam SSmus Dominus Noster
hujusmodi causam remisit cum omnibus facultatibus necessariis et
opportunis, visis videndis, consideratis considerandis ac re mature

Quoad Ordinarios, ipsi, generatim loquendo, nullam habent facultatem expellendi aliquem e sodalitate. Assertionem hanc sequens comprobat factum: Habebatur in Bagnorea, in Statibus Romanis, aliqua Confraternitas, e cujus coeno Ordinarius nonnullos ejecit sodales, eorumque in locum alios recepit. Confraternitas statim recursum fecit Sanctae Sedi, allegans, tamquam rationem recursus, nullitatem decreti Episcopalis ex defectu facultatis ad hoc requisitae: *quia nulla eidem potestas sit ejiciendi sodales in legitima possessione existentes, novosque subrogare, quod unice confratribus competit.*

Postquam quaesitio tam claris verbis S. Congregationi Concilii praesentata fuerit, eadem Sacra Congregatio sequens dedit responssum: Confratres ultimo loco deleti ab Episcopo redintegrandi sint et respective delendi novi confratres ab Episcopo electi.

Vidctur tamen quod doctrina haec non semper constantem habeat praxim. Legitur enim in Zamboni: "Societatis SSmi Sacramenti Terrae Bondeni sodalium expusionem ab Archiepiscopo patratam, S. C. approbavit, et illorum redintegrationem in pristinum statum remisit arbitrio ejusdem Archiepiscopi.[104] Novus Codex Can. 696, § 3 dat Ordinariis facultatem dimittendi socios e Confraternitate.

Confraternitates ipsae denique habent praecipuum jus expellendi sodales indignos, ne istorum malo exemplo ceteri corrumpantur. Quod jus exerceri potest vel a tota Confraternitate in comitiis coadunata, vel a solo Confraternitatis Dircctorc, prout in ipsis statutis cautum sit.

In expulsione sodalium perficienda attendenda sunt diligenter statuta. Ipsa Congregatio hoc declaravit: "Non possunt pia Sodalitia delere confratres ex albo, nisi servatis statutis confraternitatis."[105]

Rationem de hoc juridicam dant nobis Acta Sanctae Sedis hisce verbis: "Omnibus in quaestionibus quae internum ali-

---

perpensa, censuit rescribendum, prout rescripsit ac decrevit:—*Deleantur e numero confratrum Petrus Oinaglia, et sacerdos Julianus ejus filius;* quod vero ad alios qui se male gesserunt, corum deletio remittatur Ordinario prout ipse judicaverit expedire."

[104] Zamboni, Collectio declar. sub V. Sodalitium, art. IX n. 9. Ferrarien. 14 Sept. 1782, dub. VII.

[105] Synopsis canonico-liturgica, lib. II, n. 1175, in Lancianem, ad VII.

cujus moralis corporis gubernium respiciunt, peculiares con-
stitutiones ab ecclesiastica auctoritate approbatae *jus proprium*
ipsius entis conficere (erues), ad cujus tramites quaestiones
sunt dirimendae."[106]

Art. VI.—*De Juribus et obligationibus Sodalium*

Tamquam effectus legitimae adscriptionis obveniunt Sodalibus varia jura et privilegia, praesertim numerosae indulgentiae, si debitae serventur conditiones pro earumque
acquisitione.[107]

De Indulgentiis dicam in capite XI; nunc autem tantum de
obligationibus Sodalium.

Ingressus itaque in aliquam Confraternitatem est actus religiosus, et actus alicujus momenti, quapropter non deberet a
Christifidelibus inconsiderate esse positus, sed ex pio desiderio
et plena cum deliberatione observandi statuta Confraternitatis.
Ex ipsa eorum in Confraternitatem adscriptione exurgit *aliqua
certa obligatio* servandi statuta, adeundi comitia necnon exer-
citandi sese in operibus pietatis et charitatis; paucis verbis,
deberent executioni mandare promissiones die adscriptionis
factas, ut merita bonorum operum possent sibi comparare et
participes fieri spiritualium gratiarum ipsis operibus adnexa-
rum. Dixi superius, quod ex adscriptione exurgit *aliqua certa
obligatio,* quia praescriptiones et statuta variarum Confraternitatum et associationum non obligant sub peccato. Non
sequitur tamen ex eo, quod membra Confraternitatis nullo
modo ad observantiam statutorum adstricta sint. Contractus
enim vel quasi contractus factus, momento adscriptionis, inter
noviter adscriptum sodalem et Confraternitatem, continet
certe si non strictam obligationem, quam fideles contrahere
non praesumuntur, ad minus aliquam obligationem ex fideli-
tate, quam fideles certo non deberent facile negligere. Omnes
admittere debent, quod valde difficile sit limites hujus obligationis determinare; possibile tamen erit aliquibus in casibus
particularibus eos definire, quando considerantur attente statuta uniuscujusque Sodalitatis, praesertim si in antecedenti
statuta determinant quomodo Sodalitatis Moderator sese

---

[106] Acta S. Sedis, vol. XI, pag. 203.
[107] Wernz, Tom. III, n. 713.

gerere possit et debeat aliquibus in circumstantiis quae accidere aliquando possent in futurum, si specificant casus quando
sodali statuta transgredienti danda est tantum admonitio, et
quando ipsa expulsio vel ex albo eradicatio.

Hisce in casibus, existentia talis sanctionis disciplinaris
inducit nos ad admittendam etiam aliquam obligationem
poenalem in Confraternitatibus. Et possumus dicere, quod
aliquo sensu obligatio haec poenalis existat nostris etiam
diebus, quum sodales non adimplentes, opera a statutis praescripta, eo ipso se privent spiritualibus favoribus ac gratiis
talibus piis operibus adnexis.[108]

---

[108] Canoniste Contemporaine, Vol. 13, pag. 482.

CAPUT V

Art. I.—De statutis Confraternitatum.

Quamvis ad regimen et ad rectam Sodalitatum administrationem Confraternitas quaelibet propria habeat statuta, sem-
perque eadem supponantur in erectionibus et aggregationibus
Confraternitatum, non sunt tamen *absolute necessaria* nec ad
validam earumden Confraternitatum erectionem, nec ad Indulgentiarum fruitionem. Patet hoc ex responsione S. Congregationis die 25 Augusti 1842, in Decreto authentico n. 304 ad
2-um: Interrogata enim Sacra haec Congregatio: "Utrum defectus *statutorum* vel officialium in Confraternitatibus, tum
etiam si in illis opera vel usus singulares adhibeantur non
conformes illis, quae in Archiconfraternitatibus Romae ser-
vantur, officiat necne validae erectioni, vel Indulgentiarum
communicationi? Respondit: Negative, dummodo opera exerceantur, quibus adnexae sunt Indulgentiae.

Jam antea eadem Sacra Congregatio Indulgentiarum magis
expresse declaraverat: "Dummodo Sodalitates sint canonice
erectae, et sodales adimpleant opera injuncta a Summis Pontificibus pro lucrandis indulgentiis suae respectivae Confraternitati adnexis, inobservantia partialis seu etiam generalis
statutorum non obest acquisitioni Indulgentiarum, ex eo quod
statuta sunt potius ad regimen et ad rectam Sodalitatis administrationem data, minime vero tamquam injuncta opera ad
indulgentias acquirendas."[109]

Item quaesitum fuit, an omnes et singuli statutorum articuli
(cujusdam Archiconfraternitatis) necessarii sint et essentiales
ad constituendam in suo esse Confraternitatem (illi aggre-
gandam) pro acquirendis indulgentiis eidem concessis? Et
Sacra Congregatio respondit: Negative, dummodo Sodalitas
canonice erigatur, sodalesque adimpleant opera pro acquirendis indulgentiis ab Apostolica Sede praescripta, *varietas*
partialis, seu etiam generalis statutorum (quae ab Ordinariis
respectorum locorum pro diversitate temporum et circumstantiarum erunt constituenda) non obest acquisitioni indulgentiarum.[110]

---

[109] Decret. auth. n. 292 ad 2.
[110] Decret. authen. n. 320.

Quod si nonnulli statutorum articuli aliqua peragenda opera Sodalibus imponant, *quae ex Pontificia concessione ditata sunt indulgentiis, ipsi tamquam essentiales habendi sunt, ut nullo modo variari possint,* ne tali spirituali emolumento sodales sint fraudati.[111]

(b) *A quo condenda et approbanda sint Confraternitatum statuta*

Licet ex superius dictis statuta non sint absolute necessaria, maxime tamen utilia reputantur pro meliori Sodalium direc-tione ac regimine, ita ut fere concipi non possit Sodalitas sine suis statutis. In statutis enim indicatur finis particularis Confraternitatis, exponuntur media ad illum finem consequen-dum apta, statuuntur regulae pro Moderatoris ac officialium electione, pro congregationibus celebrandis, et bonorum, si quae habeantur, administratione, etc.

Confraternitates legitime erectae possunt primo loco con-dere statuta et ordinationes, quae concernunt earumdem con-gregationes.[112] Statuta haec autem examinanda et appro-banda sunt ab Episcopo dioecesano, et ejusdem Episcopi de-cretis ac moderationi et correctioni in omnibus semper sub-jecta remanent. Patet hoc ex Constitutione Clementis VIII "Quaecumque," paragrapho V-o, qui sic sonat: "Statuta autem pro regimine Ordinum, Religionum, et Institutorum erigentium, et instituentium ac communicantium, seu Archi-confraternitatum et Congregationum aggregantium edita, Confraternitatibus et Congregationibus, erigendis, instituendis et aggregandis, et quibus communicationes privilegiorum, et aliorum praedictorum fiunt, impertiri non possint, nisi ea prius ab Episcopo Dioecesano examinata, et pro ratione loci approbata fuerint, quae nihilominus ejusdem decretis ac mode-rationi et correctioni in omnibus subjecta remaneant."

In hoc argumento, de quo agitur, non erit fortasse super-fluum, causam breviter referre *Spoletanam super appr. statut. sod.* 10 Septembris 1852, et 16 Januarii 1854. penes Sacram Congregationem Episcoporum et Regularium:

In Sodalitio oppidi Bevaniae dictae Dioecesis sub titulo vulgo *Gonfalone,* per quamdam sodalium deputationem statuta

---

[111] Idem Decret. auth.

[112] Sebastianelli, op. cit.—De Personis, num. 386.

condita fuerant, et Sacrae Congregationi, pro approbatione delata, etiamsi hujus interventus ex jure necessarius non sit. Interim Archiepiscopus nonnullis de causis sodalibus interdixerat, ne in comitia coirent. Itaque duo dubia concinnati sunt: (1) An et quomodo approbandum sit statutum in casu? (2) An et quomodo omnes sodales in jus interveniendi generalibus comitiis redintegrandi sint?"

Eminentissimi Patres rescripserunt: Ad 1. et ad 2. dilata et ad mentem; "mens est, quod suspensa qualibet generali congregatione tam ordinaria, quam extraordinaria, R. P. D. Archiepiscopus congruum virorum numerum adsumat, in quibus unus uti praeses adsit, qui Sodalitii administrationem adsumant, et in se recipiant, ipsique Archiepiscopo rationem reddant, satisfactis oneribus et obligationibus assumptis erga legitime congregatos, non impeditis piis operibus, exclusis interim novis sodalium aggregationibus. Conficiantur interim nova statuta enucleatim concinnanda, quae approbationi submittantur S. Congregationis, cujus nomine aget ipse Archiepiscopus."

Cum Sodalitas nova statuta condidisset et Sacrae Congregationi repraesentasset, iterum propositis duobus, quae supra allata sunt, dubiis, Eminentissimi Patres die 16 Lunii 1854, rescripserunt rursus: Ad 1. et 2. dilata et ad mentem; "Mens est," ut scribatur Archiepiscopo, qui suas exhibeat animadversiones circa statuta, quae oblata fuerant, ac prae oculis habeat quidquid partem constituit principalem circa ea, quae res spirituales et opera pietatis respiciant; necnon curet habere statutum Confraternitatis, vulgo *Gonfalone*, Almae Urbis, ex quibus sibi normam arripiat."

Post haec quid ulterius acciderit, ignoratur; neque enim causa istaec ad generalia Sacra Congregationis comitia reditum usquam fecit.[113]

Quae cum ita sint, patet quod nemo statuta conficere vel confirmare potest, invito vel inconsulto Episcopo, nam ipsi unice ea res competit privative, ac praeterea nemini.[114]

Rationem, ob quam Romanus Pontifex voluit, ut Confraternitatum statuta sint a Dioecesano Episcopo examinata, appro-

---

[113] Lucidi, De Visitatione, num. 137.
[114] Ferraris, op. cit. art. VI, num. 22.

bata, et si necesse sit etiam correcta, exponit pulcherrime Panici:

"Prudentissime constitutum fuisse patet, quod statuta Confraternitatum erigendarum vel aggregandarum debeant antea ab Episcopo dioecesano ad examen revocari ac pro ratione loci approbari, ejusdemque moderationi et correctioni semper subjecta manere; ut nempe a statutis iisdem expungi valeat, si aliquid forte contineant, quod minus licitum, decorum aut opportunum appareat, vel tale evadat ob circumstantiarum tum loci tum temporis variationem, atque adjici in ipsis possint, quae ad propositum finem melius et facilius assequendum opportuna vel circumstantiarum variationi magis accomodata videantur. Etenim, quaemadmodum animadvertit Summus Pontifex Bened. XIV. De Syn. dioecesana, lib. VI, cap. 1, num. 1"; "Cum non eadem sit in omni loco indoles, non iidem ubique hominum mores, non eaedem in omni loco simul inolescant morum corruptelae, nequeunt omnes leges cuicumque loco et tempori congruere; sed quod unius dioecesis status hic et nunc decernendum suadet, alteri dioecesi, si ibidem statueretur, inoportunum, inutile et quandoque etiam noxium accideret."

Ab hac tamen regula generali excipienda sunt statuta Sedis Apostolicae auctoritate confirmata. Siquidem non convenit, quod Episcopi mutare possint ea, quae a Sancta Sede speciali modo fuerunt confirmata. Declaravit hoc S. Congregatio EE. et RR. in Astoricensi, 17 Februarii 1603.

Necnon secundo excipienda sunt statuta in vim *contractus.* Cfr. Rotam cor. Durand, dec. 291 Februarii 1603.

In casu quod Episcopus absque justa causa denegaret statutorum approbationem, datur Sodalitati jus recurrendi ad Sanctam Sedem. S. C. C. die 20 Maji 1882.

Statutum, scribit Bassi,[115] quod nullus adscriptus in una Confraternitate, possit adscribi in alia, cessari debet, tamquam male factum; vel si etiam disponeret, quod non possint adscribi minores sexdecim annorum. (Sacra Congregatio apud Nicol. Flosc. verbo Confraternitas, n. 9). Laudabilis enim est cooptatio minorum etiam sexdecim annorum (dummodo habiles existimentur) inter confratres Sodalitatum, ut assuescant devotioni, et recte dirigantur in via Domini.

---

[115] Bassi, De Codalitiis, Quaest. IV, n. 4.

(c) *De observantia statutorum*

Quoad observantiam statutorum, non existit obligatio ea sub culpa servandi; ideoque poenis ecclesiasticis sive ab Episcopo sive a Rectoribus (qui jurisdictione ecclesiastica carent) urgeri nequit. At observantia statutorum certe est commendanda et privatione commodorum atque favorum promovenda; neque quidquam obstat, quominus etiam poenae conventionales contra negligentes sodales ad tramites statutorum infligantur.[116]

Art. II.—De Comitiis Sodalium

(a) *Sodales in comitiis coire libere possunt*

Confraternitates canonice erectae possunt libere congregari quoties eis magis placuerit, etiam absque Episcopi licentia. Omnes enim Confraternitates efformant quod Canonistae appellant *Collegium,* quodque definitur: *Collegium quasi unum collectum, est societas collegarum in uno positorum.*[117] Omne autem colegium jus habet congregandi quoties ei placuerit, dicit Ferraris, etiam sine Episcopi licentia: *Eo ipso enim quod Confraternitas reperitur canonice erecta, habet jus tamquam legitimum collegium se congregandi quoties sibi placuerit, absque licentia superioris.* Et in confirmationem suae assertionis affert etiam Ferraris decisionem Sacrae Congregationis Episcoporum et Regularium ex die 21 Augusti anni 1584, in qua decisione rescripsit S. Congregatio Vicario cujusdam loci, quod non poterat prohibere, ne Societas Sacramenti se congregaret, neque ullam resolutionem caperet absque sua licentia. Idem docent plures alii auctores.[118]

Unde concludit Ferraris, quod Episcopus non potest generaliter prohibere, quod Confraternitates non possint congregari sine licentia et praesentia Delegati Episcopi sub poena nullitatis agendorum, quia hoc est contra juris dispositionem, cui Episcopus non potest derogare. Sicque dicit ipse: Cum talis prohibitio de jure sustineri generatim non valeat pro omnibus Congregationibus, potest Episcopus ea uti aliqua in re gravi, quae involvat judicium irreparabile, vel damnum

---

[116] Wernz, op. cit. vol. III, num. 713.

[117] Frances, De Eccles. cath. cap. 26, n. 330; Bassus, De Sodalitiis.

[118] Quaest. 14, n. 13; Lucidi, De Visitatione, cap. VII, paragraph. 2, num. 141.

notabile, per modum tamen hortationis, et numquam sub poena nullitatis, quam infligere actibus Collegi legitime congregati non potest.

Et haec fuit sententia Eminentissimi Petrucci, qui votum suum aperire jussus a Sacra Congregatione Concilii in una Pisaur. sub diebus 28 Decembris 1697 et 14 Jun. 1698, ita Decretum Episcopi super gubernio Confraternitatum cum hac prohibitione latum, moderandum esse censuit; et Sacra Congregatio censuram voti approbavit.

Pariter docet Ferrarius, quod Episcopus non potest prohibere, vel restringere Confraternitatibus, praesertim aggregatis, solita exercitia, ex. gr. non potest Sodalitio a morte nuncupato vetare, ne defunctos sepeliat post horam undeciman noctis.[119]

(b) *De loco comitiorum Sodalium*

Loquens de comitiis Ferrarius dicit: Confraternitates possunt congregari *ubi magis eis placuerit.*[120] Intelligendum tamen hoc est, absque dubio, de illis locis, ubi congregari possunt sine violatione juris tertii. Itaque quando Confraternitates erectae sunt habentque earum sedem in ecclesia parochiali, possunt in eadem sua comitia peragere, excepto solo officiorum momento: *dummodo non impediant functiones et divina officia,* dicitur in Decreto "Urbis et Orbis" ex die 10 Decembris 1703, ad 30-um.

Quando potestas civilis, saeculo XVII, interdixit Confraternitati in civitate Nolae erectae sua facere comitia in ecclesia obligavitque sodales eadem commitia publicis in locis tenere, Sacra Congregatio de Immunitate vidit in hoc lesionem libertatis et jurisdictionis ecclesiasticae imposuitque Episcopo omnes adhibere vires, ut Confraternitas illa pristinum in jus restitueretur.[121]

Aliquando consuetudo vel statuta praedeterminant locum, ubi comitia celebrari debent. At quamvis doceatur juxta Gloss. in Cap. *In nomine,* paragraph. *quod si fieri, dist.* 13, deliberationem in loco non solito captam nullitatis vitio laborare, nihilominus opinionem Glossae rejicit Fagnanus, ac sententiam adversam veram esse tradit.[122]

[119] Lucidi, op. cit. num. 141.
[120] Ferraris, op. cit. art. III, num. 33.
[121] Collections des décrets, par Barbier de Montault, u. 406, n. 22.
[122] Lucidi, op. cit. num. 151.

Quamvis tandem comitia haec Confraternitates teneri possint in ecclessia uti fit generatim in paroeciis nimia paupertate angustiaque loci laborantibus—magis tamen conveniens foret eadem comitia peragere in domo parochiali vel aliqua domo adnexa.[123]

(c) *Quinam Comitiis interveniant*

Regula generali Comitiis interveniunt omnes sodales, nisi sint expresse ab ipsa Confraternitate exclusi.

Ordinarius seu Episcopus potest per se ipsum,[124] vel per suum Delegatum intervenire et assistere Congregationibus Confraternitatum, et electionibus Officialium, modo non faciat novitates. Declaratum hoc fuit a Sacra Congregatione Episcoporum et Regularium.[125]

Imo potest Episcopus per se ipsum, vel per suum Delegatum intervenire et assistere Confraternitatum Congregationibus, etiamsi fiant in ecclesiis vel oratoriis Regularium, in quibus reperiuntur erectae Societates, absque eo quod possit excludi.[126]

Subintelligendum est, quod quando Episcopus intervenit Comitiis datur ipsi super omnes praecedentia.

Parochus autem, uti parochus, non potest intervenire Comitiis, neque iis quae fiunt in sua ecclesia parochiali pro Confraternitatibus ibi sedem habentibus, dempto tantum casu quod et ipse sit membrum Confraternitatis, vel Delegatus Episcopi. Patet hoc ex responsione Sacrae Congregationis Concilii Decreto "Urbis et Orbis, anni 1705, ad 30-um:

"An Confraternitates   sive sint erectae in ecclesia parochiali sive extra, Congregationes suas facere, absque interventu vel licentia parochi possint?—Responsum fuit: *Affirmative, dummodo non impediant functiones vel divina officia.*"

Circa modum adhibendum in Sodalium convocatione haec adnotari oportet, quod hic modus diversus est pro diversitate comitii: alius est enim pro convocatione comitii ordinarii et alius pro convocatione comitii extra-ordinarii. Per Comitia porro ordinaria intelliguntur ea quae habentur regulariter certis statutis diebus, ex. gr. unaquaque prima Dominica men-

---

[123] S. Congreg. in Balneoregio. 26 Augusti 1769.
[124] S. C. C. in Asculana, die 24 Martii 1725.
[125] S. Congreg. Epis. et Reg. die 1 Apr. 1596.
[126] Ferraris, op. cit. num. 145.

sis; comitia vero extraordinaria sunt ea, quae habentur ob speciales et non praevisas rationes vel solemnitates.

Pro comitiis ordinariis nulla requitur convocatio, quum ex statutorum praescripto, vel ex antiquiore Sodalitii consuetudine omnibus notum sit quibus diebus vel occasionibus congregationes fiant, ex. gr. prima dominica mensis post processionem, quando sodales ad propriam redeant ecclesiam.[127] Quoties enim certa est dies praestituta, nulla amplius monitio, seu interpellatio requiritur.[128]

Episcopus minime moneri debet de Comitiis ordinariis, uti constat ex responsione Sacre Congregationis Concilii in Assisiensi ad 1-um: An sustineatur Episcopi edictum in ea parte in qua Confraternitatum Officiales jubentur certiorem facere Episcopum in civitate, et vicarios foraneos in dioecesi de congregationibus habendis, ne conveniant sine ipsius sive vicariorum interessentia?—Resp. *Affirmative quoad certiorationem pro extraordinariis; in reliquis negative.*

Cira modum vero adhibendum in sodalium convocatione pro comitiis extraordinariis sic legitur in folio dictae S. C. C. in Balneoregio 14 Jan. 1769, paragraph. *Si quae* . . . "Si quae de capituli convocatione a doctoribus traduntur, transferre licet ad convocationem congregationum, quae a confratribus hoberi solent, compertum erit, moneri praesentes per diem ante opportere de die, hora, et loco."

Non ita tamen necesse est, monet Cardinalis Petra, ut in ipsa convocatione res pertractanda significetur, quia qui suffragium ferre debent, possunt dilationem exposcere, ut consultius respondeant de re ad deliberandum proposita. Monet insuper ipse Cardinalis Petra, attendendum esse in hoc potissimum stylum, et consuetudinem, seu capituli statutum, quo immutato jure possent capitulares actum irritum facere.[129]

Et neque Episcopus jus habet, quod ei per diem ante sodales nuntient, quae in comitiis extraordinariis pertractanda erunt. Nam Sacra Congregatio Concilii in Balneoreg. die 26 Augusti paragraph. 4 clarissime declaravit: "Novus est omnino actus

---

[127]Lucidi, op. cit. num. 145.
[128] S. C. Concilii in Assisiensi, 21 Jan. 1796, ad II-um.
[129] Passerini, Cap. 10 n. 49 de Electione.

infrigendus, quo Episcopo per diem ante nuntiari debuissent quae in congregationibus agenda erant; imo id prorsus a jure absonum videri, cum speciem quamdam subjectionis ac servitutis prae se ferat."

Semper tamen sodales tenentur certiorem facere Episcopum de ipso Comitio extraordinario, declarando ei diem, horam, locum in quo celebrandum erit, uti patet ex superius allata responsione S. C. C. in Assisiensi ad 1-um.

Expedit hic monere, quod sodales non tenentur expectare adventum Episcopi aut ejus Delegati ad incipiendum comitium. Quando advenerit ergo dies et hora pro comito celebrando in statutis vel littera monitoria ad Episcopum praestituta, et Ordinarius neque ejus Delegatus nondum comparuerint, possunt sodales statim incoare comitium et valide sumere deliberationes. Et Episcopus non potest praetendere, quod deliberationes in ejus absentia vel in absentia ejus Delegati captae nullius sint valoris; nam Sacra Congregatio C. in Civit. Pleb. die 10 Jan. 1760, paragraph .5. declaravit: "Episcopus non potest prohibere quin habeantur a sodalibus congregationes, vel officiales eligantur, sine suo suique deputati interventu."

Quoad praesidentiam in comitiis, ista, uti jam innuimus, debetur Episcopo vel ejus delegato. Quod si ipsi ambo deficiant praeest comitio Moderator Confraternitatis, etiamsi non esset vir ecclesiasticus.

(d) *Quomodo sodales in comitiis resolutiones capiant.*

Nonnullas regulas circa sodalium deliberationes, quas nosse in praxi non erit inutile, breviter exponit Bassus, in laudato opere *De Sodalitiis.* Inter alias hanc pricipem statuit regulam: "ut congregatio sive adunantia de more legitime intimata, et coadunata possit determinare et resolutionem capere, etiamsi non interveniant duae ex tribus partibus, aut major pars confratum; nam major pars universitatis, collegii, seu capituli constituitur per praesentes, non habita ratione absentium,[130] dummodo non adsit statutum, quod aliud determinet, uti observat Monacellus.[131]

---

[130] Bassus, De Sodalitiis. Quaest. 14. num. 8.
[131] Monacellus, op. cit. Tit. 6, for 11 n. 22.

Admonet vero Bassus id sibi arridere, si de rebus agatur non gravibus; alias tutius esse putat, si ad Episcopum confugiatur, qui hunc usum ratum habeat, aut specialem licentiam tribuat comitia celebrandi ac deliberationes capiendi, tametsi fratres, non omnes juxta solitum modum invitati, ad comitia accedant.[132]

Sodales capiunt resolutiones in comitiis per vota.

Vota autem in hujusmodi congregationibus seu comitiis, ad servandam libertatem, debent esse secreta, docet Cardinalis Petra.[133] Idemque declaravit Sacra Congregatio Concilii in Assisiensi l. c. ad VIII-um.

Tres autem verificari debent conditiones, ut quis votum dare possit: (*a*) Debet esse membrum Confraternitatis; (*b*) Debet esse comitio praesens; (*c*) habere jus a statutis recognitum dandi votum.

Necesse est in primis *esse membrum Confraternitatis*. Jure enim merito prohibentur dare vota in comitiis Confraternitatum illi, qui ad eamdem Confraternitatem non pertinent. Prohibentur ergo dare votum in comitiis:

1. *Episcopus dioecesanus*, etiam quando praesidet comitio. Pro confirmanda hac assertione sufficiat, inter plurimas Sacrae Congregationis Concilii decisiones, haec una ex die 19 Decembris anni 1886: *Quoad comitia confratrum, Episcopus jus habet praesidendi per se aut per alium, dummodo nihil innovet et suffragium non ferat.*

2. *Parochus*, si asistat uti Episcopi delegatus, excepto casu quod sit membrum Confraternitatis. Sed tunc gaudet uno tantum suffragio, nempe tamquam membrum Confraternitatis et non tamquam praeses.[134]

3. *Cappellanus Confraternitatis*, nisi et ipse sit membrum Sodalitatis.

4. Omnes personae Confraternitati extraneae, si eas tantum excipiamus, quibus major pars Confraternitatis tale dederit privilegium.[135]

In secundo loco requiritur pro dando voto in comitio, ut sodalis *sit praesens.* "Vota etiam confratrum, dicit Bassus, debent dari uti ab universis collegiatim, non uti a singulis; et

---

[132] Bassus, op. cit. Quaest. 14, num. 9.
[133] Cardinalis Petra, Miscell. Eccles. Dist. 4, n. 25.
[134] S. C. C. in Cremonen., die 5 Jan. 1723, ad III-um.
[135] Zamboni, S. V. Sodalitium, tit. IV. pag. 602.

ideo illorum consensus praestitus extra congregationem, seu collegium, non suffragatur.[136]

Requiritur denique in tertio loco pro dando voto in comitiis, ut quis habeat jus a statutis recognitum dandi votum. Quamvis enim ex regula generali omnes sodales praesentes jus haberent dandi votum, permultarum Confraternitatum statuta nonnullos sodales a dando voto excludunt, vel ad puniendos aliquos defectus vel ad castigandam multorum negligentiam in assistendo ardinariis comitiis, vel denique ad efformandam veluti quamdam hierarchiam in confraternitate. Statuta haec faciunt legem vimque legis habent pro unaquaque correspondenti sodalitate.[137]

Obiter notandum est, quod etiam fratres germani, et sobrini, sive etiam patrui ac nepotes non prohibentur omnes dare vota, sive suffragia, nisi obstet legitima consuetudo, aut statutum, quod tamen esset laudabile, aut nisi ageretur de interesse eorumdem consanguineorum in primo et secundo gradu.[138]

(e) *Quaenam sit vis resolutionum in comitiis captarum.*

Quod spectat denique vim resolutionum in comitiis captarum, haec sufficiunt quae inveniuntur in responsione S. C. C. in Balneor. 16 Septembris 1769, paragraph 4: "Resolutiones emanatae a sodalibus legitimae congregationis, et ex suffragiorum pluralitate habent vim contractus praecisaeque obligationis, ac nefas proinde est ab eis recedere. Maxime quia recessus cederet in praejudicium tertii, cui est jus quaesitum, quo nequit sine justa causa privari.[139]

---

[136] Bassus, op. cit. Quaest. 14, num. 10.
[137] S. C. EE. RR., 16 Febr. 1877.—Acta S. Sedis, tom. XI, pag. 202.
[138] Lucidi, op. cit. num. 150.
[139] Tachy, op. cit. num. 293.

CAPUT VI

DE BONIS TEMPORALIBUS CONFRATERNITATUM DEQUE EARUMDEM
ADMINISTRATIONE

Art I.—De bonis temporalibus Confraternitatum

Confraternitates tamquam personae morales in Ecclesia, habent generatim jus possidendi bona temporalia, eodem fere modo, quo gaudent hoc jure Ecclesia catholica Ordinesque religiosi.[140]

Diximus generatim, quia dantur nonnullae Confraternitates et Congregationes, quibus prohibitum est bona temporalia possidere.

Bona ista temporalia possunt esse multiplicis generis ac speciei, uti v. gr. ecclesiae, oratoria, ornamenta sacra, bona mobilia vel immobilia, etc. Variis pariter modis bona ista temporalia Confraternitates acquirere possunt: possunt nempe ea acquirere per eleemosynas, per legata gratuita vel onerosa etiam, per praescriptionem vel testamentum seu ultimam voluntatem fidelium, et nonnullis aliis modis.[141]

In Actis Sanctae Sedis potest videri exemplum alicujus Confraternitatis, quae acquisivit bona immobilia in emphytheusim, et cessit inde eadem bona alicui familiae in subemphytheusim.[142]

Intra limites statutorum, administratio bonorum temporalium spectat ad ipsam Confraternitatem, et non ad Episcopum vel ad parochum in cujus ecclesia Sodalitas est erecta.

Juxta autem Clementis VIII Constitutionem possunt Ordinarii aliqua disponere circa bonorum temporalium Confraternitatum administrationem: Legitur enim in paragrapho VIII laudatae Constitutionis:

"Quibus etiam ministris, officialibus et aliis praedictis, eleemosynas et alia oblata christianae charitas subsidia juxta modum et formam per Ordinarium loci praescribendam, remotis tamen mensis, pelvibus et capsis, quae in ecclesia et oratoriis dictarum Confraternitatum et Congregationum publice ad hoc exponi consueverunt, excipiendi potestas detur. Atque hoc ipsum Ordines, Religiones, Instituta erigentia, instituentia

---

[140] Gury-Ferreres, Comp. Theol. Mor. vol. I, n. 565 sq.

[141] Ferreres, Las Cofradias y Congregaciones, n. 183.

[142] Acta Sanctae Sedis, vol. 3, pag. 425 sq.

ac communicantia, seu Archiconfraternitates et Congregationes aggregantes tam Almae Urbis nostrae quam aliarum civitatum, et locorum quorumcumque juxta modum a Vicario Urbis et ab Ordinariis locorum respective praescribendum, observare teneantur. Eleemosynas sic collectas in reparationem et ornatum Ecclesiarum, tam Ordinum, Religionum, Institutorum, erigentium, instituentium et communicantium, ac Archiconfraternitatum et Congregationum erigendarum et instituendarum et quibus communicationes fient, aut in alios earum pios usus, arbitrio ejusdem Vicarii nostri in Urbe, necnon Ordinariorum locorum respective fideliter exponere, atque erogare procurent."

Non potest tamen Episcopus sese ingerere in bonorum Confraternitatum administrationem, nam Sacra Congregatio EE. et RR. in Castellanen. 14 Novembris 1603 declaravit: "Confraternitates possunt erogare et impendere redditus et eleemosynas absque licentia Episcopi, *qui non debet se ingerere in administratione, sed illam Confraternitati relinquere.*" Et haec libera erogandi atque administrandi facultas ex ipso Concilio Tridentino, Cap. IX, Sess. XXII deducitur, uti statim videbimus.[143]

Jura Episcopi in Confraternitates quoad administrationem bonorum temporalium ad haec praecipue capita reduci possunt:

(*a*) Potest Episcopus, imo debet, ad tollendos abusus et praejudicia Locorum Piorum, edictis praecavere, ut bona fideliter administrentur; (*b*) Episcopo est reservatum jus competens ex Concilii Tridentini dispositione, confirmandi Oeconomos, et Administratores electos, et ab eis computa administrationis exigendi. En verba Concilii: "Episcopi . . . habent jus visitandi .. . . collegia quaecumque ac confraternitates laicorum . . . Administratores tam ecclesiastici quam laici fabricae cujusvis ecclesiae, etiam cathedralis, hospitalis, confraternitatis . . . singulis annis teneantur reddere rationem administrationis Ordinario, consuetudinibus ac privilegiis quibuscumque sublatis.'

(*c*) Episcopus jus habet exigendi ab Oeconomis et Administratoribus juramentum de fideliter administrando, prout auditis partibus declaravit Sacra Congregatio Concilii in

---

[143] Bassus, *op. cit.* quaest. 7, num. 7.

Aliphana 8 Maji 1706, et antea in Florentina 15 Martii 1704.[144]

(*d*) Potest prohibere Confraternitatibus erectis auctoritate Ordinaria facere expensas extraordinarias excedentes summam scutatorum triginta. Pro rebus vero excedentibus valorem 40 scutatorum (et quae conservari possunt, uti calices, paramenta, bibliothecae, etc.) requiritur pro alienatione permissio ab ipso Summo Pontifice. Declaravit hoc Sacra Congregatio Concilii die 22 Martii 1671, ac die 12 Aprilis 1698. Quod quidem confirmatum iterum fuit die 20 Februarii anno 1902 in responsione ad Eminentissimum Cardinalem Sancti Jacobi in Compostella. Alienationes hae ultimae aliter factae essent nullae, et illi, qui eas peragerent, incurrerent excommunicationem a PP. Pio IX, in Constitutione *Apostolicae Sedis,* serie 4, n. 3, latam.

(*e*) In jure est Ordinarii concedere vel non Confraternitatibus recipiendi donationes vel legata onerosa; ex. gr. cum onere celebrandi tot Missas quotannis, vel tot puellis pauperibus dotem dandi, etc.[145]

(*f*) Spectat denique ad Ordinarium jus concedendi Confraternitatibus licentiam quaestuandi sive in sive extra propriam eorum ecclesiam, in paroecia et a fortiori in dioecesi. Et tunc non est necesse, ut habeant licentiam quoque parochi ad quaestuandum in ipsius paroecia.[146]

Parochus vero, qua parochus, nullum habet jus in administrationem Confraternitatum. Patet hoc clare ex responsione Sacrae Congregationis Rituum. Interrogata enim hac Sacra Congregatione, "An Confraternitates possint administrare bona propria atque de illis disponere *absque ulla dependentia a parocho?* Respondit: Affirmative.[147]

Art. II.—*De Administratoribus et Officialibus Confraternitatum*

Quoties auctoritas unius Directoris seu Moderatoris ecclesiastici in Confraternitate non est sufficiens ad finem sibi propositum obtinendum et ad rectam administrationem, tunc adjunguntur ei in auxilium alii Officiales. Officiales hi varia

---

[144] Ferraris, *op. cit.* V. Confraternitas, art. III, num. 24.

[145] S. C. C. in Asculana, die 24 Martii 1725, ad VI-um. Bassus, *op. cit.* paragrapho IV, num. 20. Conc. Plen. Amer. Lat., num. 781.

[146] S. C. C. die 9 Julii 1718, ad XIII-um.

[147] Pignatellus, *op. cit.* tom. VI, cons. 83, num. 3.

sortiuntur nomina. In Actis Sanctae Sedis vocantur *Ministri, Officiales, Administratores.*

Electio istorum administratorum est prorsus libera et nullam habet relationem cum validitate erectionis Confraternitatis, uti patet ex responsione Sacrae Congregationis Indulgentiarum die 18 Novembris 1842. Interrogata enim: "An necesse sit, sub eadem poena (nullitatis), ut administratores eligantur?—Respondit: Negative; quia administratorum electio erit tantum ad bonum sodalitatum regimen, minime vero ad validitatem erectionis necessaria."

Ut quis in Administratorem electus esse possit, necesse est:

(*a*) Ut et ipse sit membrum Confraternitatis gaudeatque *voce passiva.* Non possunt enim eligi in Administratores personae ad Confraternitatem non pertinentes et neque illi ex sodalibus, qui inhabilitate vocis passivae laborant sive ex statutorum declaratione, sive ob aliquam culpam. Exemplum talis punitionis habetur in Decreto Sacrae Congregationis Episcoporum et Regularium die 17 Aprilis 1761. *Fasolillus,* dicit Decretum, *excludatur ab officio superintendentis etiam in posterum.*[148]

(*b*) Debet esse capax administratoris munere fungendi; ex eo enim quod jus conceditur Episcopo inhabiles eliminandi, ipsa ratio suggerit, ut ii tantum eligantur, qui revera capaces existimantur.

(*c*) Ut nullam habeat relationem personalem et propriam cum ipsis bonis temporalibus Confraternitatis; alioquin esset eodem tempore judex et pars interessata. Administratorum enim munus est, bonum Confraternitatis prae oculis habere. Porro difficile hoc posset dici de iis administratoribus, qui et ipsi in rebus materialibus Confraternitatis partem haberent suam. Suspicandum potius foret ipsos suipsius bonorum cura praeprimis praeoccupatos esse.

Quod spectat reelectionem in officio administratoris, hoc Sancta Sedes declaravit: "Episcopus decernere potest ut qui in administratores assumuntur, singulis triennis amoveantur, nec sine ejusdem consensu confirmentur."[149]

Ad ipsam Confraternitatem spectat jus suos Administratores

---

[148] Analecta, XII, pag. 83, num. 497, ad III-um.
[149] S. C. C. in Forolivien, 21 Augusti 1784 paragraph. *Ad solutionem.*

et Officiales eligendi. Semper enim Sacrae Congregationes Romanae hoc jus Confraternitatibus vindicarunt. "Electio superintendentis spectat ad confratres legitime convocatos cum interventu vicarii foranei per suffragia secreta in domo Confraternitatis et cum approbatione Episcopi." [150] Idemque declaravit Sacra Congregatio Episcoporum et Regularium die 17 Aprilis 1761.

Folium Sacrae Congregationis Concilii in *Civit. Pleb.* 26 Januarii 1760 haec ad rem habet: "Hinc Doctores sustinent quod quidem officialium electio pertinet ad confratres, confirmatio vero ad Episcopum: sed imo et electio ad eumdem pertinet Episcopum, si confratres insufficienti numero per triplex scrutinium non convenerint." Nullum ergo adest dubium, quod officialium electio ad sodales ipsos spectet.

Canonistae sequentem dant de hoc rationem: "Jus eligendi proprios officiales et ministros *profluens a naturali facultate* quae residet penes collegium competit sodalibus, reservata solum Episcopo potestate illos eligendi ex jure devolutionis, si in tertio scrutinio sodales non convenerint, vel electionem de indigno fecerint." [151]

Si agatur de Confraternitatibus in ecclesiis Regularium fundatis, superior Regularis nullum habet jus eligendi earumdem Confraternitatum administratores. Sacra enim Congregatio Concilii dedit hac in materia decisionem, quam Zamboni hisce refert verbis: "Neque Commendator religionis Hierosolymitanae valet se ingerere in electione officialium Societatis sanctissimae Annuntiatae existentis in Ecclesia S. Joannis Baptistae . . . quae ecclesiae religionis Hierosolymitanae jurisdictioni se subjectam esse autumabat." [152]

Neque parochus seu cappellanus ecclesiae Confraternitatis sibi vindicare potest jus eligendi Officiales, uti patet ex responsione Sacrae Congregationis Episcoporum et Regularium anno 1721. Interrogationi enim: "An officiales seu magistri sint eligendi a toto corpore Confraternitatis seu potius a cappellano ejusdem ecclesiae?—Respondit: *Affirmative ad priman partem, negative ad secundam.*"

---

[150] Analecta, XII, pag. 86. num. 497, ad 2-um.

[151] Tachy, op. cit. num. 301, in corpore.

[152] Zamboni, Collectio, tom. III, V Sodalitium, paragraph VI, num. 1, 2.

Quod attinet jura Episcopi in Administratorum electione, haec notanda sunt:

(*a*) Episcopus non potest exigere, quod Confraternitas petat ab eo permissionem suos officiales eligendi, nec expectandi suum adventum in comitiis ubi fiunt electiones. Interrogata enim Sacra Congregatione Concilii: An liceat Confratribus . . . devenire ad electionem officialium . . . absque licentia et assistentia Reverendissimi Episcopi?—Resp. Affirmative.[153]

(*b*) Licitum est tamen Episcopo per se vel per suum Delegatum assistere comitiis, ubi electiones peraguntur; sed non potest neque per se neque per suum Delegatum dare votum. Patet hoc ex responsione Sacre Congregationis Concilii: "An Episcopus, seu persona ab eo deputanda possit suffragium ferre?—Resp. Negative.[154]

(*c*) Ad Episcopum vero pertinet jus confirmandi officiales ac ministros a sodalibus jam nominatos.[155] Et hoc jus confirmationis extenditur etiam super sodales qui munus officialium jam exercuere et quos sodales iterum eligere vellent. Nam dixit Sacra Congregatio Concilii: "Non possunt confratres confirmare veteres officiales seu de novo eligere qui recenter fuerint in officio absque licentia Ordinarii.[156]

Et quod dicitur de confirmatione electionis, dici bene potest de inquisitione, an electio debito modo peracta fuerit. "Auctoritas confirmandi electionem, dicit Piton, involvit etiam auctoritatem alia adnexa faciendi, ut de judicandis dubiis exortis in dicta electione." [157]

(*d*) Potest denique Episcopus gravibus de causis electos officiales provisorie suspendere, novosque sufficere, ne causa pia detrimentum capiat; non potest tamen novos confratres aut officiales definitive constituere.[158]

Quod spectat vero modum Officiales eligendi, hoc fieri debet *capitulariter,* id est in comitiis generalibus. Nulla ergo reputanda est electio, etiamsi persona ab Episcopo electa a non-

---

[153] S. C. C. in *Asculana,* 24 Martii 1725, ad 1-um.
[154] Ibidem, ad 3-um.
[155] Lucidi, op. cit. Cap. VIII, paragraph 2, num. 152.
[156] S. C. C. in *Forolivien.,* die 21 Aug. 1784, paragraph. *Ad solutionem.*
[157] Pitonis, Disc. eccl. pag. 155, num. 65.
[158] Acta S. Sedis, XII, pag. 27.

nullis approbata fuerit confratribus, quin tamen consensus datus fuerit capitulariter, seu collegialiter.[159]

Reprobandae non sunt electiones viva voce confectae,[160] sed Sancta Sedes semper praefert ut conficiantur per scrutinia secreta, nam magis hoc modo libertati eorum, qui votum dant, consulitur.

Episcopus potest imponere Sodalibus, ut electiones per secreta scrutinia perficiant; sed non potest exigere pro validi-tate electionis, ut duae ex tribus partibus votorum interve-niant. Docet hoc nos Sacra Congregatio Concilii. Quum enim esset interrogata: "An sustineatur edictum in ea parte in qua decernitur electionem officialium faciendam esse per secreta scrutinia, ac insuper conclusam non censeri nisi concurrant duae ex tribus partibus suffragiorum?—Resp.: *Affirmative ad primam partem, et negative ad secundam, et suffragia majoris partis sufficere.*"[161]

Quod spectat denique Officialium in suo officio durationem, haec Sacra Congregatio Indulgentiarum statuit: *Generice loquendo, quotannis fieri debet rectoris aliorumque officialium electio.*

Ex regula itaque generali Confraternitatum Officiales in suo officio per unum remanent annum. Sed statuta particularia possunt determinate longius vel brevius pro officii duratione tempus. Et Sacra Congregatio Concilii toleravit statuta ali-cujus Confraternitatis, in qua administratores ad quatuor tantum menses nominabantur,[162] neque condemnavit statuta aliarum plurimarum confraternitatum, in quibus renovatio administratorum solummodo singulis tribus annis locum habebat.[163]

---

[159] S. C. C. in Aliphana, 2 Decembris 1718, paragraph. *Et in eo.*
[160] S. C. C. in Assisien, 10 Sept. 1785, paragraph. 15.
[161] S. C. C. in Assisien, 21 Jan. 1786, ad 8.
[162] S. C. C. in Sancti Marci, 13 Aprilis 1726, ad 1—um.
[163] S. C. C. in Faventina, 29 Jan. 1848, paragraph. *Ast.*

CAPUT VII

1. Confraternitas aggregari potest Archiconfraternitati, et per istam aggregationem consequitur ea privilegia, facultates ac alias spirituales gratias ac indulta,[164] quae Archiconfrater-nitati aggreganti (aut Ordini sive instituenti sive aggreganti) nominatim et in specie statuta sunt (non ea, quibus forte per privilegium communicationis gaudet), et Archiconfraternitas Confraternitati expresse et in specie communicaverit.

Patet hoc ex Constitutione Clementis VIII, ubi in para-grapho IV de hoc loquitur. Idemque declaratur in novo Codice Juris Canonici can. 722, paragrapho 1: "Per aggregationem communicantur omnes indulgentiae, privilegia et aliae gratiae spirituales communicabiles quae associationi aggreganti directe et nominatim a Sede Apostolica concessae fuerint vel in poste-rum concedantur, nisi aliud in indulto apostolico caveatur."

2. Nulla associatio potest sine apostolico indulto alias sibi valide aggregare.[165]

Quod potestas vero aggregandi concedi potest tantum a Romano Pontifice facile probari potest:—Aggregatio proprie dicta idem est ac communicatio indulgentiarum et gratiarum spiritualium; ille ergo solummodo, qui indulgentiarum et spiritualium favorum fons est nempe Romanus Pontifex, potest concedere ut istae gratiae spirituales ac indulgentiae exten-dantur etiam iis Confraternitatibus, quae in primaeva con-cessione non fuerunt contemplatae ac comprehensae. Hac de ratione Romano Pontifici porrigunt preces illae Confraterni-tates quae ad gradum Archiconfraternitatis elevari desiderant ac recipere propterea facultatem alias Confraternitates sibi aggregandi.

Gratia haec, quando conceditur, communicatur aliquando per litteras apostolicas, uti factum est pro Archiconfraternitate *Sancti Petri ad vincula Romae;*[166] aliquando vero communi-catur per Decretum Sacrae Congregationis Episcoporum et Regularium, prout factum est pro Archiconfraternitate Im-

---

[164] Ojetti, op. cit. V. Confraternitas,—De aggregatione.
[165] Novus Codex Juris Canonci, can. 721, paragrapho 1°.
[166] Analecta, IX, 1024.

maculatae Conceptionis in ecclesia cathedrali Tornaci Herviorum;[167] sed magis frequenter mediante Sacra Congregatione Indulgentiarum.

Diximus superius, *gratia haec, quando conceditur,* quia accidere aliquando potest, quod etiam negetur, uti accidit saeculo elapso pro Confraternitate Sancti Michaelis, Monachii, in Bavaria. Factum hoc continetur in Rescriptis authenticis S. C. Indulgentiarum, n. 43, pag. 28, quod, quum sit tam originale, bonum putavi integrum afferre:

1722 31 Augusti.   De Confraternitate S. Michaelis Monachii.

Frisingen. Nomine S. Michaelis Archangeli Monachii expositum fuit, confratrum et consororum numerum adeo auctum, ut octoginta millia eidem adscripta reperiantur, et ut majora incrementa suscipiat, primo in Archiconfraternitatem erigi humillime postulat; secundo plenariam indulgentiam exposcit pro confratribus et consororibus in diebus festis Dedicationis et Apparitionis S. Michaelis Archangeli, S. Raphaelis, S. Joseph, Paschatis Resurrectionis, Pentecostes, Assumptionis B. M. Virginis et in solemnitate Omnium Sanctorum; tandem ut facultas a SSmo D. N. tribuatur Praesidenti ejusdem Confraternitatis vel alicui ex cappellanis ab eo designatis, benedicendi sacra numismata, quae confratribus et consororibus in actu admissionis distribuuntur. Episcopus Bellicensis, Suffraganeus et Vicarius Generalis pro informatione requisitus exposita vera esse testatur, et precibus a confraternitate porrectis suas etiam humillime addit. Decernendum itaque erit:

·1°: An Confraternitas praedicta titulo Archiconfraternitatis decorari debeat?

2°: An et quae indulgentiae confratribus et consororibus concedendae sint?

3°: An petita facultas benedicendi numismata concedi debeat?

Et Sacra Congregatio die 31 Augusti 1722 respondit:

Ad 1—um: Negative.

Ad 2—um: Indulgentiae perpetuae Confraternitatibus dari solitae.

Ad 3—um: Negative.

3. Privilegium sibi aggregandi per totum Orbem Confra

---

[167] Analecta, XIII, 885, n. 1030.

ternitates ejusdem generis et insituti *ordinarie* conceditur tantum *Archiconfraternitatibus Almae Urbis.* Ceterae autem Archiconfraternitates extra Urbem habere solent facultatem aggregandi limitibus circumscriptam, puta intra dioecesim, regnum, sive statum, ita ut invalida quoque foret inscriptio personarum extra definitos terminos commorantium. Clare hoc asseritur in Decreto authentico ex die 29 Februarii 1864, N. 403 ad 1—um., quod breviter ita exponi potest:—Confraternitas S. Josephi—Brevi diei 6 Septembris 1961 erecta fuit pro toto imperio Gallico Andegavi in ecclesia Novitiatus ejusdem Societatis. Spiritus fervore ductus, Director istius Confraternitatis quaesivit a Summo Pontifice an valida foret inscriptio personarum commorantium extra idem imperium, qui, quamvis interesse nequeant consuetis conventibus piisque Confraternitatis exercitiis, possint tamen lucrari indulgentias concessas nonnullis determinatis operibus injunctis, quae ab ipsis implerentur.

Et responsum ei fuit: Negative.

Dixi superius *ordinarie,* quia non desunt exceptiones. Archiconfraternitates e. gr. *Sanctae Mariae Angelorum in insigni Basilica cognomine* apud Assisium canonice erecta, jus habet aggregandi Sodalitates ejusdem nominis et instituti *ubique locorum* existentes.[168]

Idem dicendum de Archiconfraternitate *sanctissimi et immaculati Cordis B. M. Virginis pro conversione peccatorum,* existente Parisii in ecclesia SS. Virginis Mariae de Victoriis (Notre-Dame des Victoires).[169]

Unde ex Secreteria Brevium sequens exiit declaratio die 5 Julii 1881: Nisi agatur de Confraternitatibus in insignibus Sanctuariis erectis, non solet concedi titulus Archiconfraternitatis cum facultate aggregandi extra dioecesim, vel provinciam ecclesiasticam, si Sodalitium reperiatur institutum in dioecesi Metropolitana.[170]

4. Sunt quaedam Sodalitates, quarum erectio canonica fieri

---

[168] Breve Pii PP. IX de die 11 Aug. 1876.

[169] Breve Gregorii PP. XVI de die 24 Apr. 1838.

[170] Laudata declaratio fuit in lingua vernacula (italica) quae sic sonat: "Ove non si tratti di Confraternite erette in insigni Santuarii, non suole concedersi il titulo di Archiconfraternita colla facoltá di aggregare fuori della diocesi, o della provincia ecclesiastica, se il Sodalizio si trova istituito nella diocesi del Metropolitano."

potest, uti jam obiter notavimus, tum ab Episcopis, tum, praevio Episcoporum consensu, a Superioribus Generalibus quorumdam Ordinum seu Congregationum religiosarum, a quibus eaedem Sodalitates suam repetunt originem. Ante annum 1887 hujusmodi piae Sodalitates passim a locorum Ordinariis non solum erigebantur, sed etiam ex speciali indulto Apostolicae Sedis indulgentiis ditabantur, quibus in Urbe fruuntur respectivae Archiconfraternitates seu Congregationes Primariae, *quin tamen ulla exhiberetur petitio aggregationis Superioribus Generalibus.*

Considerantes laudati Superiores Sodalitates tali modo erectas nullo inter se vinculo conjungi com *Sodalitatibus Primariis,* que ab Apostolica Sede *uti centra* aliarum fuerunt constitutae; considerantes in earumdem Sodalitatum bonum minime vergere defectum unitatis quoad directionem, et uniformitatis quoad pios usus, preces porrexerunt Summo Pontifici, quatenus decernere dignaretur, ut in posterum praedictae Sodalitates frui nullimode possint indulgentiis, gratiis et privilegiis eisdem Archiconfraternitatibus Romanis a S. Sede concessis, *nisi fuerint eisdem Archiconfraternitatibus, praevio Episcoporum consensu, aggregatae per litteras patentales ab iisdem Superioribus Generalibus respective expediendas.* Quibus precibus Summus Pontifex Leo PP. XIII benigne annuit, ceu constat ex Rescriptis mox citandis.

Confraternitates seu Sodalitates, de quibus loquimur, sunt sequentes:

(*a*) Sodalitates sub titulo *Annuntiationis B. Mariae Virginis,* quae ex dictis nequeunt in posterum gaudere privilegiis et indulgentiis eisdem concessis, nisi a Praeposito Generali Societatis Jesu, praevio Ordinariorum consensu, Congregationi *Primae Primariae* in Collegio Romano existenti aggregentur.[171]

(*b*) Sodalitates *Bonae Mortis* quae pariter nequeunt frui indulgentiis, nisi ab eodem Praeposito Generali S. J. Archisodalitati in ecclesia SS. Nominis Jesu (vulgo Chiesa del Gesú) existenti fuerint aggregatae.[172]

---

[171] Rescriptum, 17 Septembris 1887, apud Act. S. Sedis, vol. XX, pag. 364.

[172] Cf. idem Rescriptum.

(*c*) Sodalitates sub titulo *B. Mariae Virginis a Salute,* necnon *S. Josephi ejusdem Sponsi, et Sancti Camilli de Lellis,* quae item, ut indulgentiis gaudeant, per Praefectum Generalem Clericorum Regularium infirmis Ministrantium, obtento prius Reverendissimorum .Ordinariorum consensu, aggregandae sunt Archisodalitati Romanae existenti in ecclesia S. Mariae Magdalenae poenitentis.[173]

(*d*) Sodalitates sub titulo et invocatione *B. Mariae Virginis de Perpetuo Succursu et S. Alphonsi de Ligorio,* quae ut indulgentiis perfruantur, per Superiorem Generalem et Rectorem Majorem Congregationis SS. Redemptoris aggregandae sunt Archisodalitati ejusdem nominis erectae in ecclesia ad S. Alphonsum in Urbe.[174]

(*e*) Sodalitates sub titulo *B. Mariae Virginis in coelum assumptae* ad juvandas animas Purgatorii igne detentas, quae deinceps non poterunt amplius indulgentiis et privilegiis potiri, nisi a Procuratore Generali Congregationis SS. Redemptoris, obtentis prius Ordinarii loci consensu ejusque litteris testimonialibus, aggregatae fuerint Archisodalitati ejusdem tituli in ecclesia S. Mariae vulgo de *Monterone* existenti.[175]

5. Theodorus a Spiritu Sancto, circa erectionem Confraternitatum ex parte Regularium et aggregationem ex parte Regularium ac aggregationem ex parte Archiconfraternitatum, haec habet:—Observa, Religiones, Ordines et regularia Instituta non aggregandi facultatem habere, sed erigendi et instituendi saecularium Confraternitates et Congregationes. Archiconfraternitates econtra et Congregationes diversorum nominum et institutorum non erigendi et instituendi tantum, sed erectas jam et institutas aggregandi.[176]

Hujusmodi doctrina videri posset exceptionem pati, et non deest qui ita sentiat. Nam inter regularia instituta inveniuntur quaedam, quae revera Confraternitates suas *tantummodo erigunt,* ut sunt Trinitarii, Dominicani, Carmelitae et Ser-

---

[173] Rescriptum 19 Nov. 1887, apud Act. S. Sedis, vol. cit. pag. 367.

[174] Rescriptum 22 Febr. 1888, loc. cit. pag. 479.

[175] Rescriptum, 18 Junii 1892, apud Nouv. Rev. Théol. tom. XXIV, pag. 483.

[176] P. Theodorus a Spiritu Sancto—Tract. Dogmat. moralis de Indulg. Pars. II, pag. 128.

vitae; et alia inveniuntur Instituta, quae non solum *possunt erigere,* sed etiam *jure potiuntur aggregandi,* ut sunt Societas Jesu, Clerici Regulares, Infirmis Ministrantes, etc.

Verum si res penitus perpendatur, doctrina P. Theodori in materia indulgentiarum peritissimi, dici debet universaliter vera. Nam negari nequit quod religiosa Instituta, *quatenus sunt religiosa Instituta,* Confraternitates quae ab eis repetunt originem, erigunt dumtaxat: aggregandi enim facultatem solum Archiconfraternitates seu *Congregationes Primariae* habent. Quod si nonnulli Ordinum religiosorum Superiores jus possident aggregandi, hoc eis provenit ex constituta *Archisodalitate,* quae *facultatem aggregandi,* ex privilegio Apostolico, *exercet per praefatos Superiores respective.* Sic v. gr. Praepositus Generalis Societatis Jesu jus habet erigendi (servatis servandis) Congregationes Marianas et Congregationes Bonae Mortis easque aggregandi Congregationibus Primariis Urbis. Jam vero, praefatus Praepositus Generalis *ut Superior Ordinis Religiosi* erigit memoratas pias Congregationes, quae ab eodem Ordine repetunt originem; *quatenus vero est Supremus Moderator Congregationum Primariarum Urbis,* ipse aggregat et communicat privilegia et indulgentias. Doctrina ergo laudati P. Theodori a Spiritu Sancto videtur esse universaliter vera, quod scilicet Religiones, Ordines, etc., non aggregandi facultatem habent, sed erigendi saecularium Confraternitates et Congregationes.[177]

6. Illud est maxime notandum, Archiconfraternitates *non posse aggregare nisi Confraternitates ejusdem instituti et finis.* Pluries declaratum hoc fuit a Sancta Sede. In primis declaratum hoc fuit a Sacra Congregatione die 20 Julii 1728 per decretum authenticum N. 94, in quo responsum fuit *negative* Confraternitati B. Virginis Lauretanae in civitate Papiae alias Archiconfraternitati SS. Nominis Mariae de Urbe, quando supplicavit pro declaratione, ut non obstante diversitate instituti, frui valeret indulgentiis Archiconfraternitatis aggregantis.

Idem confirmatum est per aliam decisionem Sacrae Congregationis. En qua in occasione data est haec decisio:

In ecclesia Domus professae Societatis Jesu (Chiesa del

---

[177] Moccheglani, op. cit. 1703.

Gesú) existebat Congregatio Primaria, quae Bonae Mortis nuncupabatur sub invocatione D. N. Jesu Christi in cruce morientis ac Beatissimae Virginis Mariae perdolentis. Finis ejus erat: *Disponere fideles per jugem Passionis Domini Nostri memoriam et per vitam recte christianeque institutam, ad mortem quam felicissimam obeundam.*

Hujus vero Primariae Congregationis statuta generalia praescribebant quaedam pia exercitia in communi peragenda, ita ut sodales convenirent in ecclesiam Congregationis vel singulis sextis feriis aut diebus Dominicis, vel saltem semel aut bis in mense. . . .

Cum autem Congregationum Bonae Mortis, quae per diversas Orbi partes eriguntur, statuta peculiaria originalibus statutis supra recensitis forent conformanda, quantum temporum et locorum adjuncta suaderent, ideo postulatum fuit:

1. Utrum Primariae aggregari possit Congregatio *Bonae Mortis,* quae sub invocatione tantum Sancti Josephi erigeretur, *omisso omnino titulo D. N. Jesu Christi in cruce morientis et B. Virginis Mariae perdolentis,* et cujus statuta nullam habent mentionem de piis conventibus atque exercitationibus supradictis pro certis diebus, et tantummodo praescribunt, ut fundantur preces pro unoquoque socio cum in agoniam devenerit, ut mortuos sodales ad supulturam comitentur et eleemosynae colligantur ad Missas pro sociis defunctis celebrandis: talis enim Congregatio non videtur esse ejusdem nominis et instituti?

Sacra Congregatio respondit: Negative.[178]

Certum est ergo Archiconfraternitates seu Primarias Congregationes non posse sibi aggregare nisi Confraternitates *ejusdem nominis et instituti,* uti patet ex allato responso ad propositum dubium.

Ac tandem clare et rotunde definitum hoc est in novo Codice Juris Canonici Conone 721 in paragrapho 2°: "Archiconfraternitas vel Primaria Unio eas tantum potest Confraternitates vel pias uniones sibi aggregare, quae sint ejusdem tituli ac finis, nisi indultum apostolicum aliud ferat."

7. Archiconfraternitas non potest plures Confraternitates

---

[178] Act. S. Sedis, vol. XXIV, pag. 125.

sibi aggregare, sed unam tantum. Patet hoc Constitutione Clementis VIII, "Quaecumque," paragrapho 3°:

"Ceterarum vero archiconfraternitatum et congregationum in singulis civitatibus, oppidis vel locis, *unam* etiam confraternitatem et congregationem *dumtaxat,* quae apostolica vel ordinaria auctoritate prius erecta, ac nulli alteri Ordini, religioni, instituto, archiconfraternitati et congregationi, ejusdem vel alterious nationis, nominis et instituti aggregata sit, . . . sibi adjungere et aggregare possint."

8. Aggregationes faciendae sunt non ad tempus, sed in perpetuum. Patet hoc clare ex Decreto authentico N. 171, ad 11—um, ubi interrogationi: An aggregationes faciendae rofent ad tempus, vel in perpetuum, Sacra Congregatio respondi: *Aggregationes faciendas esse in perpetuum.*

9. Confraternitas, quae alicui Archiconfraternitati aggregatur, non potest ipsius statuta recipere, nisi approbante Episcopo, qui eadem in aliquibus mutare et corrigere potest. Facta est haec facultas Ordinariis a Constitutione Clementis VIII "Quaecumque." Necnon una decisio S. Congregationis Indulgentiarum, plenam reliquit facultatem Episcopis determinandi, ante vel etiam post aggregationem, opera et preces diversas a precibus ac operibus Archiconfraternitatum, sine praejudicio indulgentiarum. Quaesitum enim fuit:

"Utrum statuta sodalitatis alicujus romanae Archiconfraternitati jam aggregatae, possint de consensu Ordinarii reformari in iis quae ad preces et opera praescripta spectant, quin novum aggregationis decretum a romana Archiconfraternitate expostuletur? Et responsum fuit: *Affirmative.*[179]

10. Aggregatio, sicut et erectio, gratis omnino fieri debet, quia continet publicationem et concessionem indulgentiarum, quae gratuite dandae sunt juxta Concilium Tridentinum. In Sessione enim XXI, Capite IX, Episcopi fuerunt delegati pro publicatione Indulgentiarum; sed si conceditur eis permissio recipiendi propterea eleemosynas spontaneas, prohibitur eis positive ne aliquid exigant *sub titulo retributionis.* En verba Concilii:

"Indulgentias vero aut alias spirituales gratias . . . deinceps per Ordinarios locorum, adhibitis duobus de capitulo, debitis temporibus populo publicandas esse decerint. Quibus

---

[179] Act. S. Sedis, tom. II, pag. 534.

etiam eleemosynas, atque oblata sibi charitatis subsidia, *nulla prorsus mercede* accepta, fideliter, colligendi facultas datur; ut tandem coelestes hos ecclesiae thesauros *non ad quaestum, sed a pietatem exerceri,* omnes vere intelligant."

Itaque Clemens VIII in sua Constitutione "Quaecumque" nullam emanavit novam legem, sed renovavit tantum antiquas dispositiones ac prohibitiones, quum interdicit recipere aliquam retributionem, etiam a sponte offerente datam, pro erectione ac aggregatione Confraternitatum.   En verba Clementis VIII:

"Erectionum autem, institutionum, communicationum et aggregationum tam hactenus factarum quam deinceps faciendarum Litterae ab ipsis Ordinibus, Religionibus, Institutis seu Archiconfraternitatibus et Congregationibus *gratis omnino ac nulla prorsus mercede, etiam a sponte dantibus accepta,* expediri et concedi debeant."

Interim Decretum Sacrae Congregationis Indulgentiarum, die 6 Martii anni 1608, a Paulo V. PP. approbatum, derogavit clausulae a Clemente VII in Constitutione "Quaecumque" positae, permittens usum recipiendi unum scutatum aureum romanum pro diversis expensis occasione aggregationis factis. En verba Decreti:

"Ad tollendos nonnullos abusus, qui in expediendis litteris patentibus aggregationum Archiconfraternitatibus Almae Urbis retroactis temporibus irrepserant, Sacra Congregatio Indulgentiarum decreto edito die 6 Martii 1608, approbante s. m. Paulo V, statuit atque decrevit, ut pro expeditione praedictarum litterarum aggregationum, seu potius pro expensis desuper faciendis, nempe pro pergamena, scriptura, sigillo, capsulis, cordulis, cera, secretarii notariique labore, vel mercede, aliisque omnibus quibuscumque, nihil omnino ultra scutatum num aureum pro omni aggregatione, institutione vel confirmatione, quovis praetextu aut colore etiam merae eleemosynae, exigi aut recipi valeat, sub poena ipso facto incurrenda nullitatis aggregationis, omniumque indulgentiarum et spiritualium gratiarum in aggregationibus contentarum, necnon sub poena, privationis officiorum et inhabilitatis ad eadem officia in posterum obtinenda pro ministris, superioribus, officialibus, aliisque contra praedictum decretum facere praesumentibus; quae a nullo alio, nisi a Romano Pontifice pro tempore existenti remitti valeat, aliisque etiam sub gravioribus peenis, arbitrio ejusdem Romani Pontificis pro temporis existentis imponendis. Ne autem longo temporis decursu praedicti decreti oblivio induci, ac denuo abusus irrepere possint, Sacra Congregatio Indulgentiis Sacrisque Reliquiis praeposita habita die 9 Aprilis 1720 decrevit atque mandavit singulis Ordinibus, Religionibus, Institutis atque Archiconfraternitatibus, eorumque Superioribus, ministris atque officialibus quocumque nomine nuncupatis, ut pro expediendis litteris patentibus aggregationum, seu potius pro illarum expensis quibuscumque nihil ultra unum scutatum aureum sub quovis praetextu, aut quaesito colore, etiam a sponte dantibus, aut titulo eleemosynae recipere audeant, aut recipi permittant sub iisdem poenis contentis in supra memorato decreto edito dei 6 Martii 1608, ne confraternitates aggregandae sumptibus nimium graventur, et ut omnes intelligant, coelestes ecclesiae thesauros non quaestus aut alicujus lucri causa, sed ad pietatem fidelium excitandam ex Apostolicae Sedis benignitate aperiri."

Sed et haec disciplina mitigata decursu temporis mitior adhuc evadit. Nam anno 1861 die 8 Januarii per decretum "Urbis et Orbis" data est facultas recipiendi in aggregatione peragenda, titulo expensarum, summam poecuniae quae tamen non excedat triginta vulgo *francs*. En pars illius decreti authentici, quae ad rem nostram spectat:

". . . Quod litterae erectionis et aggregationis gratis omnino ac nulla prorsus mercede etiam a sponte dantibus, sub praetextu quoque merae eleemosynae accepta, expediri et concedi possint, et solummodo titulo expensarum pro pergamena, scriptura vel impressionis stipendio, sigillorum expensis, chordulis, cera, Secretarii Notariique labore vel mercede aliisque omnibus, eam quantitatem quae non excedat summam libellarum vulgo *francs* triginta, pro singula institutione vel aggregatione aut confirmatione recipere liceat."

Et haec disciplina usque nunc perseverat confirmaturque in novo Codice Juris Canonici, Canone 723, paragrapho V°: "Litterae aggregationis expediantur gratis omnino ac nulla prorsus mercede etiam sponte oblata, exceptis necessariis expensis."

11. Regulae servandae ab Archiconfraternitatibus in aggregationibus peragendis, summatim sumptae inveniuntur in Formula, quae numero 13 hujus Capitis exponitur.[180]

---

[180] Decretum Urbis et Orbis 8 Januarii 1861, N. 388.

12. Idem Pontifex per Decretum Sacrae Congregationis Indulgentiarum diei 19 Octobris 1866, enixe postulantibus nonnullis tum Superioribus Ordinum regularium, tum Rectoribus Archiconfraternitatum, benigne indulsit, ut praefata capitum expositio in posterum etiam *separatim a litteris aggregationis dari possit, ita tamen, ut simul cum praefatis litteris adnexa omnino communicetur, et in eadem formula exprimatur.*[181]

13. Formula servanda in substantialibus ab Archiconfraternitatibus et Congregationibus pro aggregatione Confraternitatum et Congregationum, haec est:

"Dilectis Nobis in Christo Confratribus Societatis N. in ecclesia N. Auctoritate N. cononice erectae Salutem in Domino sempiternam. Nos qui juxta Officii nostri debitum Fidelium salutem, pietatisque ac Religionis progressum procurare debemus, libenter nostrae Archiconfraternitai alias ejusdem Instituti Confraternitates adjungimus et aggregamus, illisque sic aggregatis Indulgentias, facultates et Indulta juxta facultatem Nobis a Summis Pontificibus concessam impertimur. Qua de re cum D. N. ejusdem Confraternitatis Procurator aggregationem hujusmodi et Indulgentiarum communicationem enixe postulaverit, Nos, Protector, Prior et Custodes praedicti totam ipsam Archiconfraternitatis repraesentantes Constitutioni inhaerentes fel. rec. Clementis VIII, incipien. *Quaecumque* diei 7 Decembris 1604 super hujusmodi aggregationibus et coelestis Ecclesiae Thesauri communicatione editae una cum variationibus adprobatis a SSmo. D. N. PP. Pio IX per Decretum S. Congregationis Indulgentiarum die 8 Januarii 1861, his Nostris Litteris solo Dei amore ac pietatis Religionisque Christianae augendae zelo ducti, Confraternitatem praedictam canonice ut superius erectam attentis Episcopi seu Ordinarii loci consensu ac Litteris Testimonialibus quibus ejus institutum, pietas ac religio commendatur, nostrae Archiconfraternitati (dummodo per Nos similis gratia prius alteri in dicto loco N. concessa et tempore hujusmodi concessionis alteri Archiconfraternitati aggregata non fuerit) juxta facultatem apostolicam nobis concessam adjungimus et aggregamus, atque illi ejusque confratribus Indulgentias, et spirituales gratias Nostrae Archiconfraternitati Litteris Pontificiis nominatim, expresse et praecise concessas largimur et communicamus juxta tenorem descriptionis contentae in Elencho quem rite recognitum per Ordinarium loci una cum his litteris separatim tradimus.

"Quibus omnibus Indulgentiis et gratiis spiritualibus inibi

---

[181] Decretum authenticum, N. 417.

singillatim descriptis praedicta Confraternitas uti, potiri et gaudere possit juxta ea quae san. mem. Clemens VIII, in supra citata Constitutione praescripsit, et variationes a SS. D. N. Papa Pio IX adprobatas, cujus quidem Constitutionis quoad substantiam tenor una cum dictis variationibus ita se habet:

"1. Quod unica tantum Confraternitas ejusdem instituti et generis institui possit in Ecclesiis tam Saecularium quam Regularium.

"2. Quod id fiat de consensu Ordinarii, et cum Litteris Testimonialibus ejusdem."

"3. Quod Confraternitati instituae et aggregatae expresse et in specie communicentur privilegia et indulgentiae Archiconfraternitati instituenti vel aggreganti nominatim concessae, non vero ea quibus per privilegium communicationis gaudet.

"4. Quod statuta Confraternitatum examinentur et approbentur ab Ordinario loci, quae ab eodem corrigi possunt.

"5. Quod gratiae et indulgentiae Confraternitati communicatae praevia cognitione Ordinarii dumtaxat promulgentur.

"6. Quod Confraternitas eleemosynas excipiat et eroget juxta formam per Ordinarium praescribendam.

"7. Quod litterae aggregationis gratis omnino ac nulla prorsus mercede etiam a sponte dantibus sub praetextu quoque merae eleemosynae acceptae expediri et concedi debeant, et solummodo titulo expensarum pro pergamena, scriptura vel impressionis stipendio, sigillorum expensis, chordulis, cera, Secretarii Notariique labore vel mercede allisque omnibus eam quantitatem quae non excedat summam scutatorum sex monetae Romanae in Italia, et extra Italian non excedat summam libellarum vulgo *francs* triginta pro singula aggregatione sive confirmatione recipere liceat.

"8. Quod singula hic mandata et expressa in omnibus suis partibus fideliter observentur, secus institutiones vel aggregationes et communicationes privilegiorum et indulgentiarum nullius sint roboris et momenti, et quilibet Superiorum atque Officialium privationis Officiorum quae obtinet atque inhabilitatis ad illa et alia in posterum poenam eo ipso incurrent quae ab alio quam a Romano Pontifice remitti non possint.

"In quorum omnium et singulorum ac testimonium has Litteras nostras exinde fieri et per Nostrae Archiconfraternitatis Secretarium subscribi et publicari mandavimus et sigillorum ipsius Protectoris et Archiconfraternitatis jussimus et fecimus appensione muniri.

"Datum Romae ex loco solito nostrae Congregationis anno

    "Indictione   die   mense

    "Pontificatus   praesentibus." . . .

CAPUT VIII

Potestas Episcopi in Confraternitates multiplex distinguitur. Principaliter vero triplici ex capite considerari potest: in actu erectionis Confraternitatis, in administratione et in visitatione confraternitatis; de quibus singillatim disseram.

Art. I.—De Episcopi potestate in Confraternitatum erectione

Ad Episcopum *jure ordinario* (uti jam alibi innui) spectat erigere in sua dioecesi Confraternitates. Sacra enim Rituum Congregatio sub die 7 Octobris 1617 declaravit: Nemini licere inconsulto Episcopo, in sua dioecesi erigere et creare de novo Confraternitates, et earum statuta confirmare, quae omnia privative quoad alios ad Episcopum tantum pertinent in sua dioecesi.[182]

Solummodo ab hac Episcopi potestate excipiendae sunt illae perpaucae Confraternitates, quarum erectio ex privilegio Apostolico reservata est *privative quibusdam Ordinibus regularibus.*

Et postquam aliqua Confraternitas canonice erecta est, ad Episcopum pariter dioeceseos in primo loco et ex jure spectat potestas in eandem Confraternitatem, tum ex eo quod ad Ordinarium spectat jus erectionis confraternitatum in sua dioecesi, tum ex eo quod ad Ordinarium spectat in genere custodia cultus divini necnon piarum operum in ipsammet sua dioecesi existentium.

Inter alia, haec praecipue legimus in Constitutione illa celebri Clementis VIII "Quaecumque," quibus potestas Episcopi declaratur in actu erectionis confraternitatum: Sequentia in illa Constitutione statuuntur:

(*a*) Quod erectio Confraternitatis fiat de consensu Ordinarii et cum litteris testimonialibus ejusdem;

(*b*) Quod statuta Confraternitatis examinentur et approbentur ab Ordinario loci, quae ab eodem corrigi et etiam mutari possunt;

(*c*) Quod gratiae et indulgentiae Confraternitati communicatae praevia cognitione Ordinarii dumtaxat promulgentur.

---

[182] Gardellini, N. 548; Decr. auth. 420.

Art. II.—De Episcopi potestate in Confraternitatum Administratione

Ordinarii potestas in confraternitatum administratione definita fuit partim a Constitutione *Quaecumque* Clementis VIII, partim a Concilio Tridentino, ac tandem, data opportunitate, a Sacris Congregationibus.

(*a*) Pertinet in primis ad Ordinarium, juxta Clementis VIII Constitutionem *Quaecumque,* determinare modum, quo Confraternitates possint colligere ac erogare eleemosynas. Continetur hoc in paragrapho VIII° laudatae Constitutionis, qui paragraphus ita sonat: "Quibus etiam ministris, officialibus et aliis praedictis, eleemosynas et alia oblata christianae charitatis subsidia juxta modum, et formam per ordinarium loci praescribendam, remotis tamen mensis, pelvibus et capsis, quae in ecclesiis et oratoriis dictarum confraternitatum et congregationum publice persaepe ad hoc exponi consueverunt excipiendi postestas detur. Atque hoc ipsum Ordines, Religiones, Instituta erigentia, instituentia ac communicantia, seu Archiconfraternitates et Congregationes aggregantes tam Almae Urbis nostrae quam aliarum Civitatum, et locorum quorumcumque juxta modum a Vicario Urbis et ab Ordinariis locorum respective praescribendum, observare teneantur. Eleemosynas sic collectas in reparationem et ornatum Ecclesiarum, tam Ordinum, Religionum, Institutorum erigentium, instituentium et communicantium, ac Archiconfraternitatum et Congregationum erigendarum et instituendarum et quibus communicationes fient, aut in alios earum pios usus, arbitrio ejusdem Vicarii nostri in Urbe, necnon Ordinariorum locorum respective fideliter exponere, atque erogare procurent."

(*b*) Episcopus, quamvis non potest se ingerere in administrationem bonorum Confraternitatum (dummodo illa non dilapident),[183] bene tamen potest, immo debet, ad tollendos abusus et praejudicia Locorum Piorum, Edictis praecavere, ut bona fideliter administrentur;[184]

(*c*) Habet jus assistendi per se vel per suum delegatum comitiis Confraternitatum et electioni officialium, quamvis absque facultate votum dandi;

---

[183] Conc. Trid. cap. 8 et 9, Sess. 22.
[184] S. Cong. Concilii, in Aliphana, 8 Maji 1706.

(*d*) Exigere relationem de administratione redituum, non obstante quacumque consuetudine vel privilegio in contrarium;

(*e*) Exigere ut libri administrationis ad ipsum, nempe ad palatium Episcopale deferantur, si confraternitates inveniantur in locis ejus residentiae; vel ut apportentur in domum, ubi ipse versatur, si tunc sit in sancta visita;

(*f*) Confirmare, et ex causa gravi etiam suspendere ad tempus officiales jam electos, et eorum loco substituere alios, ne causa pia aliquod detrimentum patiatur;

(*g*) Confirmare Assistentem vel Moderatorem ecclesiasticum in persona alicujus sacerdotis vel in persona ipsius parochi, ita ut, si ipse moriatur, novus adveniens parochus tale officium absque ulla alia nova formalitate aquirat;

(*h*) Spectat tandem ad Ordinarium dare confraternitatibus licentiam quaestuandi etiam per propriam Ecclesiam.

Art. III.—De potestate Episcopi in visitatione Confraternitatum

Omnes Confraternitatates, tam approbatae quam non approbatae a Sancta Sede, necnon etiam Confraternitates erectae in ecclesiis Regularium (S. C. C. in Tricarien. 27 Nov. 1677; et Analecta Eccles. vol. 13, pag. 263) subjectae sunt visitationi Episcopi, nisi sint sub immediata protectione Regum vel Imperatorum, vel exemptae sint per aliquod privilegium pontificium.

Concilium enim Tridentinum, sess. 22, cap. 8 de reform., clare dicit: "Episcopi . . . habeant jus visitandi hospitalia, collegia quaecumque ac *confraternitates* laicorum, etiam quas scholas sive quocumque alio nomine vocant (non tamen quae sub regum immediata protectione sunt, sine eorum licentia)."

Et in capite sequenti: "Administratores tam ecclesiastici quam laici fabricae cujusvis ecclesiae, etiam cathedralis, hospitalis, *confraternitatis*, eleemosynae, montis pietatis et quorumcumque piorum locorum, singulis annis teneantur reddere rationem administrationis ordinario."

Quod attinet Confraternitates erectas in Ecclesiis Regularium cum usu saccorum, Episcopus habet jus eas visitandi, sed visitatio tantum ad bona temporalia se extendere debet,

visitando libros introitus et expensarum, capellam, et inqui-
rendo in ea quae respiciunt onera missarum et alias personales
obligationes, quae ligant confraternitatem et confratres, ut
videat, an eleemosynae quas a fidelibus recipiunt fideliter im-
pendantur juxta modum ab Ordinario praescriptum, nempe
ad conservationem et ornatum capellae, augmentum cultus
divini ac promotionem devotionis; nullos vero alios actus jurisdictionis illis in Ecclesiis exercere potest.[185]

Sacra Congregatio Episcorum et Regularium fere idem ac
ipsis verbis scribebat Episcopo Alifensi die 31 Julii 1637:
"Che gli Ordinarii possino visitare le Confraternite de'Laici
erette nelle Chiese de'Regolari, e d'altre persone esenti, non
solo in quanto ai beni, ed entrate loro con rivedere i conti, ma
anco le Cappelle stesse in quanto a quello, che riguarda l'amministrazione, ed altri oblighi personali, che s'aspettano alla
Compagnia, e confratri ascritti a quella, cioé in riconoscere se
l'entrate, ed elemosine, che si danno per adornare, e menteni-
mento della Cappella, e per accrescere ivi il culto divino, e
devozione del Popolo, siano spese fedelmente, e con effetto
s'impieghino ad utilitá, ed in beneficio della stessa Cappella, e
non in altri usi, non toccando peró il restante, che s'aspetta
alla Curia, e totale amministrazione dei Frati e Regolari che
sono padroni di tutto il corpo della Chiesa, dove sono dette
Cappelle, e confraternite erette, come l'Altari, Immagini, ed
altre cose materiali affisse, ed utensili sacre applicati a quelle
sopra de'quali né i Vescovi, nè altri Ordinarii hanno da inge-
rirsi, nè usare alcuna giurisdizione, e sopraintendenza, a segno
tale che non gl'è permesso esercitar alcun atto giurisdizionale
nelle suddette Chiese de'Regolari fuori, che quanto si è detto
di sopra."[186]

Et praeter istam invenitur etiam alia declaratio S. C. Ep. et
Reg. plus minus ejusdem tenoris, data die 16 Novembris anno
1646, quam refert Bizzari, *Collectanea*, pag. 249.

Ac tandem idem declaratum fuit repetitis vicibus a Sacra
Congreg. Concilii, ut fas est videri ex istis verbis Benedicti
XIV, Instit., 105 n. 87: "Sacra Concilii Congregatio. . . .
sacella Sodalitatum ab Episcopo visitare posse decrevit, vide-

---

[185] J. Ferreres, op. cit. Num. 206.
[186] Bizzarri, *Collectanea*, p. 249.

licet ea tantum, quae ab ipsis Sodalitatibus administrantur. Id praesertim sancitum fuit die 23 Junii anno 1719 his verbis: Sacra, etc. Inhaerendo declarationibus jam factis censuit, Confraternitates laicorum in Ecclesiis regularium exemptorum institutas, subesse jurisdictioni, et visitationi Episcopi, illasque ab eo visitari posse, necnon illarum Capellas in iisdem Ecclesiis Regularium existentes, in his tamen quae Confraternitatum administrationem respiciunt. Et si Confraternitatibus incumbit onus manutenendi altare, et illius cultum, Episcopum posse visitare circa ea, quae respiciunt ipsam manutentionem cultus, et ornamenta Altaris, seu Capellae, onera Missarum, atque divinorum officiorum ibidem celebrandorum, et circa ea omnia, quae ad abligationem eorumdem confratrum relationem habent."

Visitatio haec deberet prorsus omitti, si Confraternitas erecta in Ecclesia Regularium ulla possideret bona et ullas exciperet eleemosynas, neque ullam haberet rem pro administratione.

Confraternitates vero, quae non sunt institutae in Ecclesiis Regularium, in omnibus subjectae sunt completae visitationi Episcopi.

Inveniuntur tandem aliquae Confraternitates, quae, pro suis magnis meritis, obtinuerunt exemptionem ab Ordinario, ut ipsi Regulares. Confraternitates deinde quae fuerunt eis aggregatae existimaverunt se pariter per factum aggregationis illis privilegiatis Confraternitatibus ab Ordinarii visitatione exemptas esse; sed Clements VIII declaravit quod privilegium hoc non communicabatur per ipsum factum aggregationis. Invenitur hoc etiam in una declaratione S. C. C. ex die 11 Septembris anni 1897.[187]

---

[187] Thesaur. Resol. S. C. C., vol. 156, p. 1009.

CAPUT IX

Ut facilius ac clarius determinari possint jura Parochorum in Confraternitates, necesse est in primis distinguere functiones proprie parochiales a functionibus mere sacerdotalibus, quae per se non includuntur certe inter jura parochialia.

In determinanda distinctione functionum proprie parochialium a functionibus mere sacerdotalibus magnae habitae fuerunt controversiae; et non solum varias in sententias hac de re doctores abierunt, sed et ipsae Congregationum declarationes aliquando in casibus particularibus discrepantes fuere. Ut igitur ejusmodi contrarietatibus finis (quoad multa saltem) imponeretur, editum fuit a Sacra Rituum Congregatione decretum, *"Urbis et Orbis"* inscriptum, die 10 Decembris 1703.

De hac opinionum varietate Cardinalis Colloredus, cui demandata fuerat dicti decreti praeparandi cura, sic adnotabat: "Adeo frequentes sunt controversiae parochos inter ac sodalitia, scriptorum vero opiniones, et Sacrarum pariter Congregationum sententiae adeo variae ac discrepantes inter se videntur ut Eminentiae Vestrae necessarium alias duxerint aliquem modum statuere ac judicium ferre de quibusdam controversiis, quae generatim proponantur; ita ut reliquae in posterum difficultates facile componi, aut facilius judicari possent. Id nunc eo difficilius obtinetur ,quo facilius excitantur dissidia; . . . quia utraeque (partes) facile inveniunt auctores ac decreta, quae causam plurimum suffragantur: quae sane decreta variis temporibus, atque a diversis judicibus confecta, vim majorem vel minorem a majori vel minori partium dissidentium peritia atque industria sibi comparaverunt."[188]

Ad debitum ergo imponendum finem controversiis, quae inter parochos et Confraternitates earumque Cappellanos et Officiales super juribus parochorum et functionibus parochialibus, nonnullisque praeeminentiis seu praerogativis quae frequenter exoriri solent, S. Rituum Congregation dedit illud percelebre decretum "Urbis et Orbis," quo controversiae illae maxima in parte decisae solutaeque fuerunt.

---

[188] Apud Benedictum XIV, Institutione 105, n. 92.

Ex supradicto Decreto S. R. Congregationis necnon ex aliis decisionibus a Sacris Congregationibus emanatis patet quod sint stricti juris parochialis sequentes functiones:

(a) *Benedictio fontis baptismalis.* Nam ad dubium relati Decreti respondetur quidem illam benedictionem non esse *de juribus mere parochialibus;* sed additur *illam fieri debere a parochis;* quae voces idem sonant, ac si expresse diceretur, ejusmodi benedictionem esse ad parochiales funtiones refe-rendam.

(b) *Celebratio Missae solemnis feria V Majoris Hebdo-madae.* Nam ad dubium VIII respondetur, hujus Missae cele-brationem non esse quidem de juribus parochialibus, sed ad-ditur *illam spectare ad parochos.*

(c) *Officium funebre* super cadaveribus parochianorum sepeliendis in ecclesia parochiali vel in oratoriis publicis in territorio ejusdem paroeciae existentibus. Constat hoc ex re-sponso ad dubium 20 citati decreti, quo statuitur officium illud ad parochum spectare, *quando tumulandus est subjectus parochi, intra cujus fines est ecclesia vel oratorium.*

In hisce ergo functionibus Confraternitates nihil possunt.

2. Non sunt vero comprehensae inter functiones parochiales, ideoque non sunt stricti juris parochalis:

(a) Functiones Hebdomadae Majoris, exceptis supradictis;

(b) Benedictiones mulierum post partum. Quamvis enim in laudato Decreto benedictio puerperis impertienda reputabatur tamquam functio parochialis, ut patet ex responsione ad dubium VI, contrarium tamen postea declaratum invenitur. Et in Derthonensi 7 Decembris 1720, ad dubium quo quaereba-tur ad quem spectaret jus benedicendi puerperas, Sacra Con-gregatio Concilii expresse declaravit, *esse in libertate puerpe-rarum accedere ad quamcumque ecclesiam sibi benevisam.*[189] Aliam in hunc sensum ejusdem Congregationis declarationem anni 1708, adducit Giraldi.[190] Stante ergo hac declarationum contrarietate, quid decidendum sit, doctioribus me expenden-dum relinquo.

(c) Benedictiones et distributiones candelarum, cinerum, palmarum, ignis, ovorum et similium; item Hebdomadae

---

[189] Thesaurus Resolutionum, tom. 1, pag. 299.

[190] Giraldi,—Additamenta ad Barbosam, De Officio Parochi, cap. 12, n. 12.

Sanctae ceterae functiones praeter missam solemnem, feriae
V in Coena Domini; item Missae solemnes per annum, expositio Quadraginta Horarum, benedictio quae fit super populo,
expositio quae fit cum relinquiis vel sacris imaginibus, et
benedictio quae cum eis fit super populo.

(*d*) Sermones publici in supradictis ecclesiis cum permissione Episcopi; publicationes vigiliarum et festivitatum
in hebdomada occurrentium.

In hisce ergo functionibus peragendis Confraternitates non
dependent a Parocho, et parochus non potest eis illas prohibere.

3. Lucidi tenet, quod unica fons interpretandi allatum
decretum "Urbis et Orbis" sint *Institutiones Ecclesiasticae*
Benedicti XIV, qui clare ac diffuse omnia declarat ac com-
mendat. Pro hac tamen vice, ipse dilucidat auctoritatem
parochi in Confraternitates, erectas in orotoriis separatis ab
ecclesia parochiali, minime vero solvit quaestiomem neque dat
rationem quare parochus habet talem auctoritatem in Confraternitates, neque aperte declarat in quo haec dependentia
consistat, quam Confraternitas parocho debet. Multum tamen
confert, ut facilius solverentur difficultates. Revera, ex paragrapho VII, cui titulus *"Quid gerendum sit in hac Civitate ac
Dioecesi pro observandis iis, quae in ipsis Decretis continentur,"* eruitur quod Confraternitates erectae in Ecclesiis Parochialibus subjectae sint Parocho etiam in functionibus non
parochialibus; et hoc, "non solum ob jus parochiale, sed etiam
ob dominium, primatum et regimen quod Parochus et quilibet
alius Rector obtinet in sua ecclesia et universis ipsius partibus.
Quare Sodalitia Parochialibus Ecclesiis addicta eamdem
Parocho observantiam persolvere debent, quae requiritur ab
iis qui in alienis aedibus immorantur."

Concessa itaque Benedicti XIV assertione, quod Confraternitates erectae in Ecclesiis Parochialibus, considerandae
sunt tamquam entia moralia in territorio alieno, et quod
Parochus sit caput Ecclesiae non solum ob jus parochiale, sed
etiam ob dominium, primatum et regimen quod ipse obtinet in
sua Ecclesia et universis ipsius partibus, fit nunc quaestio:
Potestne Parochus peragere functiones non parochiales, aut
potestne disponere, quod tales functiones peragendae non sint
juxta statuta particularia? Hic stat difficultas quaestionis.

Si observetur quaestio ratione habita juris communis anno 1703 per decretum Urbis et Orbis introducti, videtur quod Parochus non habeat jus tales functiones peragendi, solum exigere poterit quod petatur ab eo permissio relate ad horam et modum ipsas functiones persolvendi; et hoc ob jura ei a Benedicto XIV attributa.

Et revera nulla datur dispositio canonica quae Parocho jus conferat immiscendi se in administrationem et regimen internum Confraternitatum, aut impediendi executionem eorum quae in statutis sunt determinata, quum statuta approbata fuerint ab Episcopo qui est Parocho superior, et quum Confraternitas cum oratorio proprio erecta sit in Ecclesia parochiali ab Episcopo cum consensu Parochi, qui in dando consensu pro erectione Confraternitatis, debuit certe etiam consentire quod statuta ipsiusmet Confraternitatis observarentur perfecte et juxta modum a legibus canonicis praescriptum.

4. Neque per Decretum ergo Urbis or Orbis omnes solutae sunt quaestiones Parochos inter et Confraternitates agitatae. Solutiones vero per laudatum Decretum datas hisce concinnare possemus propositionibus, sequentes in hoc clarissimum Bouix:

Propositio 1ª.—Si dictae Confraternitates erectae sint in ipsa ecclesia parochiali, vel in aliquo aedificio eidem ecclesiae parochiali annexo, nequeunt ab iis Confraternitatibus functiones ullae ecclesiasticae peragi, nisi dependenter a parocho. Constat hoc ex allato decreto *Urbis* et *Orbis,* ex responsione ad dubium 1 et 2.

Propositio 2ª.—Si Confraternitas existat in alia ecclesia quam parochiali, vel in aliquo oratorio (sive publico sive privato), ab ecclesia parochiali ejusque dependentiis sejuncto, possunt independenter a parocho in ejusmodi ecclesia vel oratorio Confraternitatis eae peragi functiones ecclesiasticae quae non sunt parochiales. Patet ex citato decreto, dub. 3et 4.

Propositio 3ª.—In dictis Confraternitatum oratoriis ab ecclesia parochiali sejunctis, possunt recitari horae canonicae cum vel sine cantu, absque ulla parochi licentia.—Constat ex eodem decreto generali ex resp. ad dub. 14.

Propositio 4ª.—In modo dictis Confraternitatum oratoriis seu ecclesiis, celebrari potest missa privata, contradicente parocho, modo assentiat Episcopus. Constat ex eodem decreto anni 1703, dub. 15.

Propositio 5*ª*.—Jus non habet Parochus, invitis Confratribus, doctrinam christianam docendi in dictis eorum ecclesiis seu oratoriis, ab ecclesia parochiali divisis. Constat ex eodem decreto, dub. 17.

Propositio 6*ª*.—In dictis Confraternitaum ecclesiis seu oratoriis, a parochiali ecclesia divisis haberi possunt conciones, etiam per totum tempus Quadragesimae et Adventus, absque licentia parochi, modo assentiat Episcopus. Dub. 18.

Propositio 7*ª*.—In modo dictis Confraternitatum ecclesiis seu oratoriis celebrari nequit missa, sive lecta sive cantata, ante parochialem missam, sive lectam sive cantatam, nisi aliter disponat Episcopus. Dub. 19.

Propositio 8*ª*.—Intra ambitum modo dictarum ecclesiarum et oratoriorum, possunt Confraternitates processiones suas facere, absque interventu vel licentia Parochi: id vero nequeunt extra, absque licentia Parochi per cujus territorium transeundum est, nisi de licentia Episcopi. Dub. 21 et 22.

Propositio 9*ª*.—In praedictis processionibus potest Cappellanus deferre stolam, si fiant intra ambitum: secus si fiant extra. Dub. 23.

Propositio 10*ª*.—Episcopo ad publicam Confraternitatis ecclesian accedenti (etiamsi haec ecclesia non sit regularium nec rectorem beneficiatum habeat), non pertinet ad Parochum aspersorium porrigere.   Dub. 24.

Propositio 11*ª*.—Nequit Parochus ex solo jure parochialitatis, Confraternitatum rectores seu cappellanos compellere ad assistendum ecclesiae parochialis processionibus et functionibus. Dub. 25.

Propositio 12*ª*.—In praefatis Confraternitatum ecclesiis, quae nec parochiales sunt nec regulares, retineri nequit Sanctissimum Eucharistiae Sacramentum absque speciali indulto Sedis Apostolicae. Responsio ad dub. 26. Praesupposito autem dicto speciali indulto, non potest publicae venerationi exponi sine licentia Ordinarii. Responsio ad dub. 27.

Propositio 13*ª*.—Nequit Parochus sese ingerere in adminstrationem oblationum vel eleemosynarum, in dictis Confraternitatum ecclesiis seu oratoriis collectarum· nec claves capsulae, in qua reeipiuntur, retinere. Resp. ad dub. 28.

Propositio 14*a*.—Nec Confraternitates, nec earum Cappellani possunt, invito Parocho, sese immiscere in ecclesiae parochialis functionibus, sive parochialibus sive non parochialibus. Resp. ad. dub. 29.

Propositio 15*a*.—Confraternitates sive in ecclesia parochiali erectae sive alibi, possunt, absque interventu parochi et licentia, suas congregationes habere, dummodo non impediant parochialis ecclesiae functiones et divina officia. Resp. ad dub. 31.

Propositio 16*a*.—Possunt Confraternitates propria bona administrare, ac de illis disponere, absque ulla a Parocho dependentia. Resp. ad dub. 31.

Propositio 17*a*.—Etiam si Parochus Confraternitatum congregationibus intersit de mandato Ordinarii, et tamquam ejus delegatus, non habet suffragium decisivum. Resp. ad dub. 32.

Istae sunt regulae quae summatim delineatae sunt a S. R. Congregatione ad imponendum finem controversiis quae illis temporibus parochos inter et Confraternitates agitari solebant.

Notandum est autem, quod istae regulae non sunt taxativae, sed tantum generales; nam aliqua in dioecesi existere possent decreta synodalia vel consuetudines, quae, quamvis in aperta contradictione cum citatis decretis forent, essent tamen observandae, eodem modo ac observandae forent Ordinariorum praescriptiones, quas ipsi pro bono regimine dioecesis facerent, decernentes jura et quaestiones parochos inter et Confraternitates, parochos inter et cappellanos ac rectores ecclesiarum intra limites parochiarum existentium.

CAPUT X

De Ecclesiis Confraternitatum

1. Omnes Confraternitates institui debent aliquo in loco publico cultui dedicato, id est aliqua in ecclesia vel oratorio publico vel semipublico. Talis est praxis universalis, quae hodie vim legis habet, uti fas est videre ex indulto a Gregorio PP. XVI regionibus Missionum concesso. En verba indulti:

"Ut ea sit Ecclesiae consuetudo ut quae a Summo Pontifice approbantur et instituuntur piae Sodalitates sive SSmi Cordis, sive SSmi Sacramentis, sive SSmi Rosarii B. M. V., aliaeque, suam habeant cappellam propriam in ecclesiis in quibus instituuntur, et in pluribus Orientis Missionibus non sint ecclesiae nec oratoria communia, sed in domibus privatis omnia fiant exercitia religionis, hinc Episcopi et Vicarii Apostolici illarum regionum, quibus a Summo Pontifice conceditur facultas erigendi hujusmodi Confraternitates, Missionariis et sacerdotibus indigenis facultatem communicant in iis Confraternitatibus, quas institutuunt, admittendi fideles . . . Memorati Antistites existimant Summum Pontificem, cui nota est conditio Vicariorum Apostolicorum in imperio Sinarum aliisque regionibus, ubi non sunt ecclesiae nec oratoria communia, eo ipso quo ipsis impertitur facultatem aliquam piam erigendi sodalitatem, eos eximere ab obligatione piae illi sodalitati peculiarem assignandi cappellam.[191]

Ex allato indulto infertur quod datur tantum exceptio pro Confraternitatibus erectis inter infideles, ubi nec ecclesiae nec oratoria habentur.

2. Sancta Sedes non approbat erectionem Confraternitatum et Congregationum saecularium in ecclesiis Monialium, sive votorum solemnium sive etiam simplicium. Videtur enim hoc spiritui ac fervori Religiosarum nocere.[192] Pluribus ex Decretis

---

[191] Collectanea Constitutionum . . ad usum operariorum apostolicorum, num. 565, pag. 283.

[192] Ecce quomodo hac de re loquitur Bassus: "Non enim expedit aut convenit, ut in Monialium ecclesiis sub quovis titulo instituantur sodalitia laicorum, ad tollenda quamplurima, quae exinde oriri possunt incommoda, et religiosae tranquillitatis sponsarum Dei dictarum; idcirco Sacra Congregatio Episcoporum et Regularium ac Sacra Congregatio Tridentini, non solum vetant novas erectiones in ecclesiis Mo-

hoc constat; praecipue vero ex Decreto Sacrae Congregationis Episcoporum et Regularium de die 9 Novembris anni 1595, quod hujus est tenoris:

Tirosonen.—Episcopo.—Non placet Sacrae Congregationi Episcoporum et Regularium negotiis praepositae, ut in Monasteriis Monialium, sub quovis titulo instituantur Confraternitates laicorum, ad tollenda quamplurima incommoda. Quocirca cum oppido de Alfaro istius dioecesis in quodam Monasterio monialium Sancti Dominici Societatem Nominis Dei erectam esse resciverit, decrevit eadem Congregatio, ut Dominationi tuae rescriberetur, quod ego his litteris praesto, ne in posterum sive supradictam Confraternitatem, sive alias similes quovis nomine in Monasteriis monialium, aut institui, aut instituta exerceri permittas. Reliquum est, ut D. T. certior facta de mente Cardinalium, ejusdem executioni, ut aequum est, operam praestet, quod utique de singulari tua vigilantia ac pietate licet polliceri.—6 Novembris 1595."

Quae quidem decisio communicata fuit ab eadem Sacra Congregatione Capitulo Beneficiatorum in oppido de Alfaro hisce verbis:

Tirasonen.—Capitulo de Alfaro. Sacrae Congregationi videtur posse decerni quod in hoc Monasterio monialium non erigantur Confraternitates et erectae tollantur aut transferantur, sicque in posterum servari debere committendo executionem Brevis Ordinario. Die 15 Martii 1599.[193]

3. Non videtur tamen, quod ista generalis prohibitio se extendat etiam ad illas Sodalitates, quae ex mulieribus tantum vel ex puellis constant. Clare hoc demonstrat Concilium Plenarium Americae Latinae, num. 779:

"Ad tollenda quamplurima, quae exinde oriri possunt incommoda, neque in Monasteriis monialium neque in communitatibus piarum feminarum quae scholas dirigunt, erigi possunt Confraternitates laicorum. *Haec tamen prohibitio non comprehendit puellas, quae, sub monialibus aut religiosarum tutela, precibus et christianis operibus magna cum laude incumbunt, ut sunt prae ceteris Filiae Mariae.*"

Pariter in ecclesiis vel oratoriis Religiosarum, semper tamen

nialium, sed imo praecipiunt, ut erectae tollantur sive transferantur." Bassus, De Sodalitiis, q. III, num. 47.

[193] Analecta Eccles. vol. 14, pag. 353.

de consensu Ordinarii, licitum est Monialibus pias societates instituere pro seipsis, pro suis novitiis mulieribusque apud eas commorantibus, necnon pro alumnis aliisque puellis sub illarum directione et educatione, quae postea semper adscriptae remanent.[194]

Et Sacra Congregatio Indulgentiarum idem confirmavit, quod Concilium Plen. Amer. Lat. dixerat; concessit enim aliquando indulgentias piis sodalitatibus in ecclesiis Monialium pro personis ipsiusmet domus erectis. Videri hoc potest in Decreto authentico n. 42:

1722 11 Maji Oratio 40 Horarum in ecclesiis Monialium.

Chiapen. Quamvis in more positum sit, in ecclesiis Monialium pro expositione Venerabilis nullas umquam indulgentias concedere, tamen Confraternitas sub titulo B. M. V. de Monte Carmelo erecta in ecclesia Sanctimonialium Annuntiationis ejusdem B. M. V. civitatis Chiapen. in Indiis, humiliter petit indulgentias concedi solitas pro oratione 40 horarum nonnisi noctis tempore interpolatarum ab ipsa in memorata ecclesia semel in anno instituenda, tum ad augendam christifidelium pietatem, tum quia interdum accidit, ut gentiles sacrarum functionum majestate perculsi ex idolatriae tenebris ad fidei lumen evocentur. Quapropter exquiritur: An in casu, de quo agitur, indulgentiae consuetae 40 horarum in ecclesia praedictarum Monialium concedi debeant?—Sacra Congregatio die 11 Maji 1822 respondit: Pro gratiis ad quindecim annos.

Vigens denique disciplina clare determinata fuit per decretum Sacrae Congregationis Episcoporum et Regularium die 18 Januarii 1907.

Juxta illul Decretum, in ecclesiis Religiosarum, tam votorum solemnium quam simplicium:

(*a*) Non poterunt amplius institui Confraternitates propriae dictae *ad modum organici corporis constittuae*:

(*b*) Poterunt tamen institui, servatis servandis, piae associationes quae ex mulieribus tantum constant;

(*c*) Si agatur vero de piis associationibus utriusque sexus erigendis, res remittitur prudenti judicio ac prudentiae Ordinarii, an permittenda sit necque alicujus Sodalitatis in ecclesia Monialium erectio.

---

[194] Rescripta authentica, pag. 548.

4. Regulares ex indulto Apostolico facultatem habent instituendi Confraternitates seu Societates in eorum ecclesiis; non possunt tamen illas erigere seu instituere cum usu saccorum absque Ordinarii loci licentia.[195]

Non placet tamen Ecclesiae, ut Ordines religiosi in eorum ecclesiis instituant Confraternitates sibi extraneas; et Papa Benedictus XIII interdixit etiam Ordini Fratrum Praedicatorum, ne absque sua licentia alias Confraternitates in eorum acceptaverint ecclesiis, et hoc sub poena excommunicationis latae sententiae.[196]

Et quando aliqua Confraternitas ex utroque sexu constans in ecclesia vel oratorio Religiosorum erecta sit, incumbit Superioribus onus necessarias ponere praecautiones, ne lex clausurae periculo violationis exponeretur, claudendo nempe portas quae in clausuram prospiciunt.[197]

5. Solent denique Confraternitates erigi prope aliquod determinatum altare. Haec est consequentia jurium Confraternitatibus attributorum, nempe sedes sua, ratione cujus uni vel alteri ecclesiae adscripta est Confraternitas fitque independens ab aliis. Non est necesse quod altare nomen Confraternitatis gerat, quum plures Sodalitates apud idem altare institui possint. Posteriores tamen Confraternitates deberent ad hoc permissionem petere et obtinere ab illis Sodalitatibus, quae prius ad illul altare jus haberent. Consulendum est autem, quod unaquaeque Confraternitas suum habeat altare particulare. Haec est mens Sacrae Congregationis Indulgentiarum: Interrogata enim: An idem altare in eadem ecclesia possit assignari ut altare proprium variis Sodalitatibus, v. gr. SS. Rosarii, Beatae V. de Monte Carmelo, SSmi Cordis Jesu? —Resp.: Affirmative in genere, et de consensu uniuscujusque rectoris respectivae Sodalitatis ibi erectae, sed ad praecavendas quaestiones, quae facile oriri solent quoad functiones peragendas et altare custodiendum, magis expedit, si fieri potest, ut quaelibet Sodalitas suum habeat altare." [198]

---

[195] S. C. EE. et RR. in Chil. 6 Decembris, 1616.
[196] Constitutio *Preciosus*, 23 Maji 1727.
[197] Analecta, XIV, col. 194, num. 1116.
[198] Sacra Congregatio Indulg. die 29 Maji 1841. Decret. auth. num. 291 ad XI-um.

CAPUT XI

Art. I.—De modo obtinendi Indulgentias.

Erectio canonica per se non sufficit, ut Confraternitas gaudeat indulgentiis. Aliud est enim actum seu decretum erectionis, et aliud indulgentia seu concessio indulgentiarum. Ut aliqua ergo Confraternitas indulgentiis frui possit, necesse est, ut hae obtineantur. Triplici vero modo indulgentiae obtineri possunt: vel 1° per speciale decretum seu potius indultum S. Sedis; vel 2° vi dispositionis generalis ipsius S. Sedis; vel 3° dénique per aggregationem alicui Archiconfraternitati ejusdem nominis et instituti.

(a) *Indulgentiae obtentae per speciale indultum S. Sedis.*

Habentur indulgentiae per speciale indultum S. Sedis, quando ipsa Confraternitas seu Sodalitas canonice erecta, postulat directe a S. Sede indulgentias. In supplici libello ad Summum Pontificem directo indicari possunt praecipuae indulgentiae, quas Sodalitas habere desiderat, et consulitur, ut praedicta Sodalitas in hujusmodi petitione utatur opera proprii Ordinarii.

Animadvertendum est autem, quod indulgentiae quae immediate a Sancta Sede obtineretnur, nullae forent, si Confraternitas jam alias indulgentias receperit sive per aggregationem alicui Archiconfraternitati, sivé per erectionem ab aliquo Superiore Ordinis factam. Immo Confraternitas, de qua agitur, obtentis directe a Sancta Sede indulgentiis, non potest amplius Archiconfraternitati aggregari, quin illico amittat indulgentias per speciale indultum obtentas. Hinc est quod in Brevibus, quibus Apostolica Sedes Confraternitatibus noviter erectis praefatas elargitur indulgentias, ordinarie sequens apponitur clausula:

"Si dicta Confraternitas alicui Archiconfraternitati aggregata jam sit, vel in posterum aggregetur, seu quavis alia ratione uniatur, vel etiam quomodolibet instituatur, priores et quaevis aliae Litterae Apostolicae illi nullatenus suffragentur, sed ex tunc eo ipso prorsus nullae sint."[199]

---

[199] Decret. auth. n. 48, dato die 8 Maji 1713.

(b) *Indulgentiae obtentae vi dispositionis generalis ipsius S. Sedis.*

Dantur nonnullae Confraternitates, quae ipso facto erectionis indulgentiis gaudent vi legis seu dispositionis generalis, ita ut, facta earum erectione, illico propriis indulgentiis fruantur. Hujusmodi praecipue sunt:

(*a*) Omnes Confraternitates SSmi Sacramenti. Tales enim Confraternitates, ubique terrarum hactenus Apostolica vel Ordinaria auctoritate erectae aut posthac erigendae, gaudent omnibus privilegiis, indulgentiis, facultatibus et gratiis spiritualibus Archiconfraternitati ejusdem SSmi Sacramenti in ecclesia S. Mariae supra Minervan Urbis existenti concessis vel concedendis. Clare hoc decernitur in Decreto authentico n. 13.

(*b*) Confraternitates Doctrinae Christianae. Pro hisce Confraternitatibus sufficit, ut una ex his in dioecesi aggregata sit Archiconfraternitati existenti in ecclesia S. Martini de Urbe (in praesens in ecclesia S. Marie vulgo dicta *del Pianto*) ad hoc, ut cunctae aliae ab Ordinario loci in tota dioecesi erectae seu erigendae, aggregatae censeantur, et omnium spiritualium gratiarum et indulgentiarum, quibus dicta Archiconfraternitas fruitur, perticipes sint.[200]

(*c*) Hisce duabus Confraternitatibus addi possent aliquae piae associationes recentiores, quae pariter vi dispositionis generalis quasdam indulgentias participant ipso facto institutionis, licet eis desit formalis et proprie dicta erectio canonica. Tales sunt:

Sodalitates contra blasphemias et imprecationes, tempore missionum de licentia Ordinarii instituendae.[201]

Necnon Sodalitates in honorem Immaculatae Virginis Mariae, et S. Aloysii, ad colloquia et jocos inhonestos extrirpandos, quae erigi possunt ubique locorum a quovis sacerdote sive saeculari sive regularil annuentibus locorum Ordinariis.[202]

(c) *Indulgentiae obtentae per aggregationem Archiconfraternitati.*

Saepe saepius, ut Confraternitas indulgentiis perfrui possit,

---

[200] Decret. auth. n. 35, 23 Martii 1711.
[201] Acta Sanctae Sedis, vol. 1, pag. 323.
[202] Acta Sanctae Sedis, vol. 1, pag. 321.

necesse est, ut aggregetur alicui Archiconfraternitati ejusdem nominis et instituti, quae privilegio aggregandi gaudeat.

Dantur nonnullae Confraternitates vel Congregationes, quae ex lege ab Ecclesia statuta, ipso facto erectionis indulgentiis gaudent, exclusa qualibet aggregatione. Hujusmodi Confraternitates non sunt nec possunt esse verae Archiconfrateritates, nec proinde habent ullam Confraternitatem, quae sit et censeri debeat caput et centrum ceterarum. Tales sunt Confraternitates SS. Trinitatis, SS. Rosarii, de Monte Carmelo et Septem Dolorum B. M. Virginis. Omnes et singulae hujusmodi Confraternitates habent existetiam propriam a ceteris distinctam, etiam ejusdem nominis et instituti. Fruuntur privilegiis et indulgentiis cuique respective propriis, non per aggregationem, sed, ita disponente S. Sede, per ipsum factum erectionis.

Ad rem ita scribit Passerinus: Advertendum vero est, quod Confraternitates SSmi. Nominis et SS. Rosarii, quas erigit Ordo Praedicatorum, non sunt Archiconfraternitates quae facultatem alias aggregandi habeant. Sic in istis nullum locum habet communicatio indulgentiarum per aggregationem; sed singulae Confraternitates legitime erectae, statim de jure et recte principaliter, et independenter a quacumque alia simili Confraternitate, fruuntur indulgentiis per S. Sedem eis concessis aut communicatis.[203]

Hinc est, quod Ordo Praedicatorum numquam concessit, ut aliqua Confraternitas SS. Rosarii ad gradum Archiconfraternitatis erigeretur, licet de re non defuerint postulationes. "Sodalitas SS. Rosarii, ita Rmus P. Andreas Fruhwirth, Magister Generalis Ordinis Praedicatorum, scribebat ad quemdam Episcopum sub die 6 Julii 1892, in ecclesia N. existens, neque haberi potest, neque dici Archiconfraternitas, quia nullatenus habet jus erigendi alias Confraternitates aut aliis Confraternitatibus suas Indulgentias communicare. Imo nec Magister Ordinis hoc jus concedere valeret."

---

[203] Passerinus, Quaestio 103, num. 819.

*Art. II.—Parvus elenchus indulgentiarum, quibus gaudent in
genere Confraternitates canonice erectae*

Indulgentiae communiter concesae omnibus confratribus et
consororibus alicujus Confraternitatis in perpetuum, sunt
sequentes:[204]

1. Indulgentia plenaria in ingressu.
2. Indulgentia plenaria in articulo mortis.
3. Indulgentia plenaria die festo principali.
4. Indulgentia septem annorum et totidem quadragenarum
in quatuor aliis anni festis per confratres eligendis et ab
Ordinario approbandis. Quoties vero Missis et aliis divinis
officiis in ecclesia seu cappella vel oratorio hujusmodi pro
tempore celebrandis et recitandis, seu congregationibus publicis vel privatis ejusdem Confraternitatis ubivis faciendis in-
terfuerint, aut pauperes hospitio susceperint, vel pacem inter
inimicos composuerint, seu componi fecerint vel procuraverint,
necnon etiam, qui corpora defunctorum tam confratrum et
consororum hujusmodi, quam aliorum ad sepulturam associa-
verint, aut quascumque processiones de licentia Ordinarii
faciendas, Sanctissimumque Eucharistiae Sacramentum tam
in processionibus, quam cum ad infirmos aut alias ubicumque
et quomodocumque pro tempore deferetur, comitati fuerint,
vel si, impediti, campanae ad id signo dato, semel Orationem
Dominicam et Salutationem Angelicam dixerint, (aut etiam
quinquies Orationem Dominicam et Salutationem Angelicam
pro animabus defunctorum confratrum et consororum hujusmodi recitaverint), aut demum aliquem ad viam salutis reduxe-
rint, et ignorantes praecepta Dei, et ea quae ad salutem sunt,
docuerint, aut quodcumque aliud pietatis et caritatis opus exer-
cuerint, toties pro quolibet praedictorum operum exercitio
sexaginta dies de injunctis eis, seu alias quomodolibet debitis
poenitentiis in forma Ecclesiae consueta relaxamus. Dabitur
quoque altare privilegiatum pro defuntis confratribus et consororibus semel in hebdomada et tota actava mortuorum ad
septemnium.”—Hodie tamen gratia altaris privilegiati concedi
plerumque solet in perpetuum.

---

[204] Rescripta authentica, pag. 8, num. 5.

CAPUT XII

Inter quaestiones, quae saepe agitari solent in locis, ubi plures inveniuntur Confraternitates, non ultimum certe occupat locum quaestio de praecedentia inter Confraternitates.

Juxta principium generale Juris Canonici, praecedentia alicujus Confraternitatis juxta antiquitatem fundationis regulatur. Videtur enim, quod illa regula [205] Juris *"Qui prior est tempore, potior est jure"* applicatur et Confraternitatibus Ecclesiasticis, uti fas est videri ex "Disceptatione Synoptica" (duodecim paginis constans) circa Praecedentiam, de qua in Actis Sanctae Sedis vol. XXXIV, pag. 13. Compendium facti, quod huic Disceptationi causam praebuit, fuit hoc: In Urbe Mola dioecesis Baren. plures jampriden constitutae era Sodalitates, quarum duae nempe Archiconfraternitas sub titulo B. M. V. a Rosario et altera Archiconfraternitas Septem Dolorum B. M. V. jam a pluribus annis dimicabant inter se de praecedentiae jure et expetebant definitivam sententiam. Controversia haec originem ducebat a diverso fonte juris, unde sodales sibi vindicabant praecedentiae jus, siquidem sodales a Rosario dicti repetebant suam juridicam institutionem jam ab. a. 1400; quam antiquitatem directe non inficiabantur adversi sodales, qui tamen si non *tempore, jure* quidem certe potiores esse arbitrabantur, quippe qui *regium assensum* et hinc certam institutionem obtinuerunt aliquo tempore ante adversam Archiconfraternitatem.

Et Sacra Congregatio die 25 Maji 1901, resolution dedit: Praecedentiam spectare ad Archinconfraternitatem a SSmo Rosario.

Controversiae de praecedentia in processionibus, aliisque functionibus inter varias Confraternitates, per Constitutionem Gregorii XIII, "Exposcit pastoralis officii" data die 25 Julii, 1853, compositae fuerunt. Pontifex breviter litem hoc modo absolvit:

"Qui (nempe sodales) in quasi possessione praecedentiae ac juris praecedendi sunt, ii (quibuscumque reclamationibus, pro-

---

[205] Regula juris LIV.

"

testationibus, appellationibus et aliis subterfugiis prorsus remotis, et cessantibus, et postpositis) in processionibus tam
publicis, quam privatis praecedere debent.

Quando vero non probetur aut non constet de quasi possessione hujusmodi praecedentiae . . . ii, qui prius saccis usi
sunt, in processionibus tam publicis, quam privatis praecedere
debent.[206]

Romanae Ephemerides, quarum titulus "Acta S. Sedis," ex
quadam decisione S. Congregationis Concilii de die 24 Julii
1886, sequentia deducunt, quae dictis sunt omnino conformia: .

1. Intra Confraternitates illi competere jus praecedendi,
quae prior in tempore canonice erecta fuit, vel quae in quasi
possessione ac jure praecedendi jam reperitur.

2. Quatenus vero anterioritas canonicae existentiae ·rite
evinci nequeat, ex jure statutum est eos sodales praecedere
debere, qui saccis fuerint usi priores.[207]

Excipitur ab hac generali lege Confraternitas SSmi Sacramenti, cui debetur praecedentia supra omnes alias Confraternitates in processionibus, quando defertur SSmum Sacramentum.[208] In aliis vero processionibus debet procedere et praecedere juxta ordinem antiquitatis.[209]

Pariten excipiendi sunt Tertii Ordines Saeculares S. Francisci et S. Dominici. Tertiarii enim Franciscani et Dominicani,
induti habitu proprio et cruce erecta, habent semper jus praecedentiae super alias, et hoc etiam durante processione cum
Sanctissimo infra Octavam Corporis Corporis Christi.

Constat hoc ex declaratione S. Congregationis Rituum die
28 Maji 1886, quae data fuit tamquam responsio Episcopo
de Urgel in Hispania. Declaratio haec hujus erat tenoris:
"Ad tramitem Apostolicarum Constitutionum, necnon Declarationis Sacrae Congregationis Episcoporum et Regularium diei
20 Septembris 1748, Terciariis Franciscalibus coetum consti-
tuentibus, nempe proprio habitu indutis, ac cruce incedenti-
bus, jus inest praecedentiae super quascumque laicas
sodalitates."

---

[206] Benedictus XIV, Instit. 105, n. 84.
[207] Acta S. Sedis, vol. XIX, pag. 326.
[208] Nov. Cod. Con. 701, No. 2. Et Can. 106, Nos. 5, 6.
[209] Cardellini, nn. 1164, 1739, 4571 in nota.

In dubiis et controversiis, judex competens in determinando jure praecedentiae est semper Ordinarius; qui Ordinarius prae oculis semper certe habebit decisiones a Sacris Congregationibus datas, eisque se conformabit in quaestionum circa praecedentiam decisione.

CAPUT XIII

Art. I.—De extinctione Confraternitatum

De extinctione seu de dissolutione Confraternitatum fere perinde dicendum est ac de abolitione Instituti religiosi.

1. Si legitima ratione peracta fuerit extinctio, plane pereunt indulgentiae et gratiae.

2. Si vero illegitime, v. gr. per vim injustam potestatis civilis, servatur jus *postliminii,* quod tamen tempore diuturno auferri valet.

Auctoritas competens pro extinctione Sodalitatis est Ordinarius dioceseos, qui supprimere potest Confraternitatem, quae amplius non-correspondet sancto fini, ad quem constituta fuit, vel in qua graves et irreparabiles irrepsere abusus.[210] Quod confirmatur etiam in novo Codice Juris Canonici Canone 699.

Extinctio Confraternitatis accidere potest:

(*a*) Ob defectum membrorum, qui duret per centum annos aut ultra; sed cum verae Confraternitates habeant personalitatem juridicam corporationis ecclesiasticae et existentiam a singulis sociis distinctam, etiam in uno sodali jura collegii retinent neque illico extinguuntur, etiamsi ad tempus sodales deficient.[211] Multo minus Confraternitas perit atque indulgentias amittit, si ecclesia, cui adnexa est, diruatur et forte in eodem loco vel in alio cum eodem titulo vel cum diverso aedificetur, aut si ecclesia ordinis religiosi subtrahatur regularibus et clero saeculari tradatur vel vicissim, aut ecclesia profanata denuo cultui divino restituatur. Cujus disciplinae fundamentum est, quod Confraternitates sint collegia personalia, non realia locoque affixa.[212]

(*b*) Per suppressionem a competente Superiore legitime factam. Qua in re Pontifex est competens, nec Episcopi illa potestate carent ,uti jam superius innuimus, si ex justis causis et servata forma canonica ad suppressionem procedant; salvum tamen manet Confraternitatibus supprimendis recursum ad superiorem auctoritatem ecclesiasticam facere.

---

[210] Cf. Monacelli Form. Leg. P. I. T. V. form, n. 53.

[211] S. C. EE. et Reg. 16 Decembris 1718.

[212] Decret. auth. num. 269.

Art. II.—De restauratione Confraternitatum

Restauratione sive nova erectione opus est, si confraternitas penitus fuit exstincta. Quae nova erectio non raro potest esse necessaria saltem ad cautelam, nisi *sanatio* a Sancta Sede obtineatur.[218]

Duo praecipue prae oculis habenda sunt, quando agitur de Confraternitatum exstinctione et restauratione. Videndum est nempe an Sodalitas desierit per decretum suppressionis, vel simpliciter ob fratrum penuriam vel temporum injuria. Si primum, tunc cessant et amittuntur pariter omnia jura et gratiae, *quum accessorium naturam sequi congruit principalis.* Si vero secundum, nempe si desierit ob fratrum penuriam, tunc etiam cessant *in actu* omnia jura et privilegia; sed iterum omnia haec jura et privilegia reviviscuntur statim ac Sodalitium repristinatum sit, quod fit tunc absque nova approbatione et concessione, juxta communem Doctorum sententiam.

---

[218] Wernz. op. cit. vol. III, n. 718.

FONTES ET SCRIPTORES

Fontes:

Constitutio Clementis PP. VIII "Quaecumque" 7 Decembris, 1604.
Decretales Papae Clementis VIII, p. 107 sqq.
Decreta authentica Sacrae Congregationis Indulgentiarum.
Rescripta authentica S. Congregationis Indulgentiarum.
Acta Sanctae Sedis, s. v. Sodalitates, Confraternitates.

Scriptores:

AICHNER, Compendium Juris Ecclesiastici, Brixinae, 1900.
BARGILLIAT, Praelectiones Jur. can. n. 1062 sq., Parisiis, 1903.
BASSI, Tractatus de Sodalitiis, Romae, 1725.
BENEDICT. XIV, Institutiones eccl. 105, n. 83, sqq.
BERINGER, D. Ablaesse, p. 497, sq., Daderbon, 1900.
BONAL A. Instit. Can., Societatis S. Sulpitii, Tom 1, Parisiis, 1904.
BOUIX D. Tractatus de Episcopo, Tom. II, Parisiis, 1859.
   Tractatus de Parocho, Pars. IV, Cap. XI, Parisiis, 1880.
FERRARIS, Prompta Bibliotheca, sub verbo Confraternitas, Solero, 1865.
FERRERES, Las Cofradias y Congregaciones ecclesiasticas segun la disciplina vigente, Barcelona, 1907.
FRANCES, De Ecclesia Catholica, sub verbo Confraternitas, Lugduni, 1669.
GELCICH, Le Confraternite laiche in Dalmazia e specialmente quelle di marinai, Ragusa, 1885.
MELATA, De disciplina inter aliquot pia opera et confraternitates, Romae, 1892.
MOCCHEGIANI, Collectio Indulgentiarum, Quaracchi, 1897.
OJETTI, B., Synopsis Rerum Moralium et Juris Pontificii, sub verbo Confraternitas, Romae, 1909-12.
RITTERUS, P., De Confraternitate, Jenae, 1614.
SCADUTO, Confraternite, Torino, 1886.
SEBASTIANELLI, G., Praelectiones Juris Canonici, De Personis, n. 384 sq. Romae, 1905.
TACHY, Traité des Confréries, Pouilly, 1896.
TAMASSI, L'affratellamento, Torino, 1886.
VERMIEERSCH, S. J., Vol. I, De Religiosis Institutis et Personis, Brugis, 1907.
WERNZ, Jus Decretalium, Vol. III, n. 704 sqq., Romae, 1908.
ZECH, De Hierarch, eccl. tit. 38, de tertiariis, Ingolstadii, 1750.
ZUMBO, Delle Confraternite Ecclesiastiche, Roma, 1909.

Universitas Catholica Americae

Washingtonii, D. C.

S. Facultas Theologica

1917–1918

No. 3

TITULI

DEUS LUX MEA

——

TITULI

QUOS

AD DOCTORATUS GRADUM

IN

JURE CANONICO

Apud Universitatem Catholicam Americae

CONSEQUENDUM

PUBLICE PROPUGNABIT

AURELIUS LUDOVICUS BORKOWSKI

SACERDOS ORDINIS FRATRUM MINORUM

JURIS CANONICI LICENTIATUS

HORA IX A. M. DIE XXXI. MAJI A. D. MCMXVIII

TITULI

Desumpti ex Quinque Libris novi Codicis Juris Canonici atque ex Dissertatione mea pro Doctoratu.

EX LIBRO PRIMO (Normae Generales)

1. De necessitate novi Codicis Juris Canonici.
2. De ambitu novi Codicis.
3. De divisione novi Codicis et quo modo in scholis explicari debeat.
4. De Potestate Legifera Ecclesiae Catholicae.
5. De Interpretatione legis ecclesiasticae.
6. An, quando et quibus legibus consuetudo derogari possit.
7. De temporis supputatione.
8. De Rescriptis.
9. De Privilegiis.
10. De Dispensatione.

EX LIBRO SECUNDO (De Personis)

Pars Prima—De Clericis

11. Quinam sub nomine Clerici veniant.
12. De Romano Pontifice.
13. De Sanctae Ecclesiae Romanae Cardinalibus.
14. De Legatis Romani Pontificis.
15. De Concilio Oecumenico.

Pars Secunda—De Religiosis

16. De Religionum regimine.
17. De admissione in Religionem et de Novitiatu.
18. De Professione religiosa.
19. De Privilegiis Regularium.
20. De transitu ad aliam Religionem.

EX LIBRO TERTIO (De Rebus)

21. De Baptismo deque ejus Ministro ac Subjecto.
22. De Indulgentiarum concessione.
23. De Indulgentiarum acquisitione.
24. De Communione Pasquali.
25. De Sponsalibus.
26. De Forma celebrationis matrimonii.
27. De impedimento Aetatis.
28. De impedimento Impotentiae.
29. De impedimento Mixtae Religionis et Disparitatis Cultus.
30. De impedimento Affinitatis.

EX LIBRO QUARTO (*De Processibus*)

31. De Foro competenti.
32. De Judice.
33. De Actore et Reo.
34. De Transactione.
35. De Litis Introductione.
36. De Citatione.
37. De Litis Contestatione.
38. De Probationibus.
39. De Testibus et Attestationibus.
40. De Juramentis.
41. De Advocatis.
42. De Causis Incidentalibus.
43. De Sententia ejusque Executione.
44. De Appellationibus.
45. De Restitutione in integrum.

EX DISSERTATIONE MEA (*De Confraternitatibus Eccles.*)

46. De Erectione Confraternitatis Ecclesiasticae.
47. De Regimine Confraternitatum.
48. De Aggregatione Confraternitatum.
49. De potestate Episcopi in Confraternitates.

EX LIBRO QUINTO (*De Delictis et Poenis*)

50. De auctoritate Parochi in Confraternitates.
51. De Natura Delicti.
52. De Imputabilitate Delicti.
53. De Poenarum notione ac Speciebus.
54. De Subjecto potestati coactivae obnoxio.
55. De Poenis Medicinalibus seu de Censuris in genere.
56. De Poenis Vindicativis.
57. De peculiariaribus Clericorum Poenis Vindicativis.
58. De Interdicto.
59. De Suspensione.
60. De Poenarum Remissione.

Vidit Sacra Facultas:

        EDMUND T. SHANAHAN, S.T.D., p. t., *Decanus.*

        JOANNES I. RYAN, S.T.D., LL.D., p. a. *a Secretis.*

Vidit Rector Universitatis:

        ✠ THOMAS J. SHAHAN, S.T.D.

VITA

Natus sum anno 1888 in regno Poloniae, non longe a civitate Varsaviae. Vocationem erga Seraphicum Sancti Francisci Ordinem sentiens, quatuordecim annos natus, in Palestinam iter arreptus sum anno 1902, cum intentione Statum Religiosum suscipiendi, cum hoc mea in Patria facere non potuissem. Itaque Hierosolymis receptus fui in Ordinem Seraphicum missusque in Collegium Emmauntinum, ubi per tres annos litterum elementis operam dedi. Posthac missus fui Nazareth ad tyrocinii annum complendum.

Philosophiae operam in conventibus Sancti Joannis in Montana ac Bethlehem dedi, theologicis vero studiis per quatuor annos Hierosolymis vacavi.

Anno Domini 1912 ad sacerdotium ab ipso Patriarcha Hierosolymitano promotus fui, ac statim permagnum habui honorem, ut in Familiam Conventus Sanctissimi Sepulchri essem adscitus, ubi per quatuor permansi menses.

Cum necessarium visum fuit in Commissariatu Terrae Sanctae pro America Septemtrionali, ut inter alios Patres unus saltem linguam calleret polonicam, mox jussus sum illic proficisci. Quod quidem feci, ac operam meam pro Terra Sancta hic inter fideles Polonos libenter praesto.

Anno 1915 inter alumnos Catholicae Universitatis Americae Septemtrionalis me adscripsi, ubi Adm. Rev. Dr. Ph. Bernardini auspiciis Juris Canonici studiis incubui.

Illi ergo praecipue, qui summa sua doctrina atque benevolentia juvare me non cessavit, dignas et nunc persolvo grates et semper quam maximas habebo.

CPSIA information can be obtained
at www.ICGtesting.com
Printed in the USA
BVHW031621270919
559319BV00037B/111/P